칭찬이 불편한 사람들

SENSEI, DOUKA MINANOMAEDE HOMENAIDE KUDASAI
by Daisuke Kanama

기성세대를 불편하게 하는 요즘 것들의 새로운 질서

칭찬이 불편한 사람들

가나마 다이스케 지음 | 김지윤 옮김

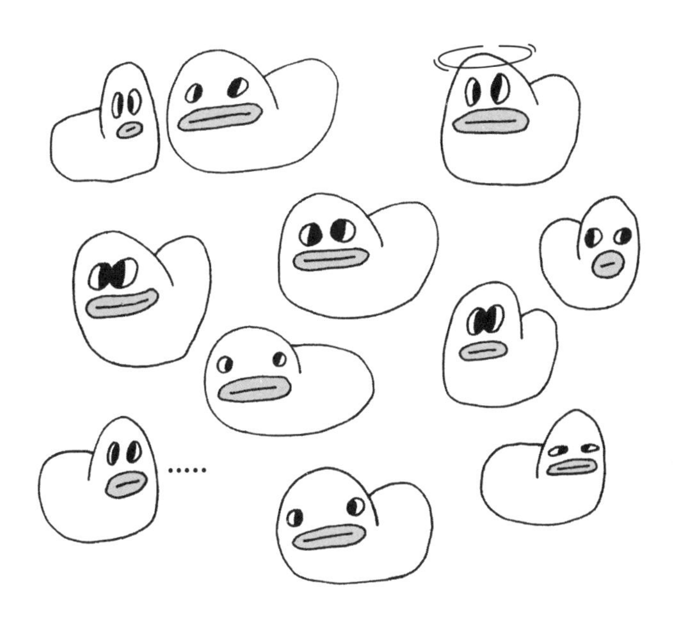

포레스트북스

들어가며

갑작스럽지만 당신이 지금 대학생이라고 해봅시다. 독자 여러분 가운데는 실제 대학생이 있을지도 모르고, 고등학생이나 중학생, 초등학생도 있을지 모릅니다. 하지만 지금 그건 문제가 되지 않습니다. '대학에는 가본 적이 없는데 어쩌지?' 하는 걱정 역시 하지 않아도 됩니다. 상상해 보시기 바랍니다. 당신은 1교시 강의를 듣기 위해 커다란 캠퍼스 안에 있는 넓은 강의실에 막 들어섰습니다.

여기서 스톱! 이쯤에서 한 가지 질문이 있습니다. 지금, 강의실 어디쯤 앉으려고 했나요? 도표 0-1을 보면

도표 0-1 일반적인 대학의 빈 교실 교탁

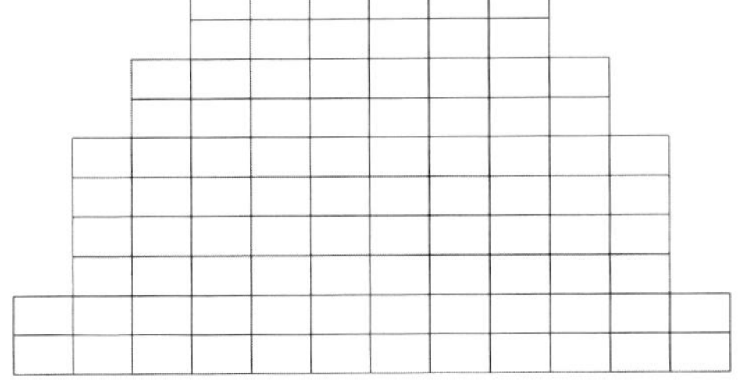

서 생각해 보시기 바랍니다. 혹시나 모르실 분들을 위해 말해 두자면 대학 강의는 소인원 수업인 어학 수업이나 실습 수업을 제외하고는 어디에 앉든 상관이 없습니다.

만약 당신이 학구파에 전형적인 모범생 스타일이라면 분명 앞에서 세 번째 줄 정도에 앉겠지요.

당신이 교수님을 남몰래 흠모하는 소심한 대학생이라면 강의 시간에 교수님을 몰래 훔쳐보기 좋은 제일 앞줄 구석 자리에 앉을지도 모릅니다. 하지만 대부분의 학생은 그러지 않지요. 전날 밤늦게까지 SNS를 했거나 아르바이트를 하느라 자정이 한참이나 지나서야 잠자리에 들었을 테니까요. 그래서 수업 시간에는 참을 수 없을 만큼 졸음이 쏟아집니다.

1교시부터 학교에 나오다니, 그것만으로도 칭찬받아야 할 일이지요. 그야말로 대단한 정신력입니다. 이렇게 생각한 당신은 분명 강의실 뒤쪽, 그것도 양 날개 어딘가에 진을 치지 않을까요? 거기라면 노트 위에 스마트폰을 올려놔도 교단에서는 보이지 않습니다. 분초를 아껴가면서 스마트폰을 꼭 봐야 하는 건 아니지만, 이 자리에서는 친구가 올린 인스타그램 스토리를 봐도 되고, 한쪽 귀에 이어폰을 꽂고 유튜브를 볼 수도 있습니다. 이쯤에 앉아 있으면 항상 지각하는 친구와 합류하기도 수월하지요.

그렇다고 이걸로 앉는 자리가 확정되는 건 아닙니다. 또 다른 가능성이 있으니까요. 이 강의에 아는 사람이 없는 경우를 생각해 봅시다. 전부터 관심이 있었던 다른 학부의 강의를 이수할 수도 있겠지요. 물론 이는 매우 긍정적으로 해석했을 때의 이야기입니다. 사실 이런 상황에 이르는 대부분의 케이스는 당신이 재수강을 하게 된 경우일 겁니다. 자신을 포함한 몇몇을 제외하고는 모조리 후배여서 인구 밀도가 높은 교실 안에서 극한의 고독감을 느끼고 있겠지요. 이런 상황에서 뒤쪽 양 날개에 앉기는 어려울 겁니다. 그 부근에는 후배들끼리 몰려 앉기 때문입니다. 따라서 당신은 그 앞쪽, 즉 중간 부분의 양쪽 끝 정도에 앉을 겁니다. 교수님의 시선이 자주 닿지 않으니, 에어컨 바람이 직접적으로 오는 것만 빼면 그럭저럭 나쁘지 않은 자리입니다. 이런 전국 대학생의

도표 0-2 일반적인 대학의 좌석 배치(과거) 교탁

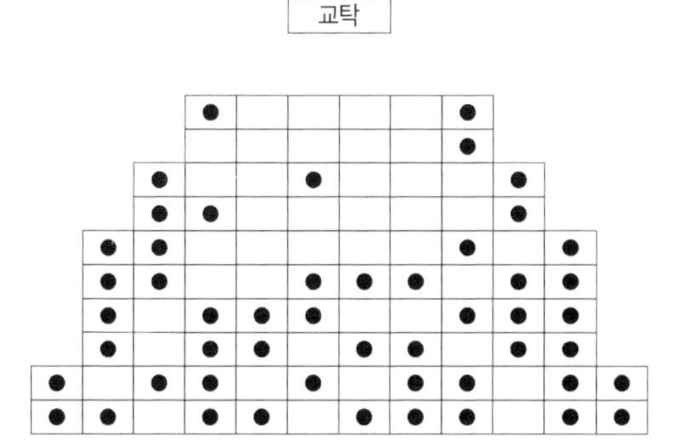

모든 의견을 표출한 결과가 도표 0-2입니다.

'맞습니다. 익숙하네요. 제가 학교 다닐 때도 이런 느낌이었습니다.' 이렇게 생각했다면 당신은 아마 사회인이 된 지 몇 년은 되었을 겁니다. 30대이거나 그 이상일 수도 있겠지요. 사실 다음 페이지의 도표 0-3이 현재 대학생의 전형적인 좌석 배치입니다.

앞 도표와의 차이를 아시겠나요? 비교하기 쉽게 강의실을 똑같이 한 것은 물론이고, 학생 수(●의 수)도 맞췄습니다. 그렇습니다. 다른 것은 학생 사이의 거리입니

도표 0-3 일반적인 대학의 좌석 배치(현재) 교탁

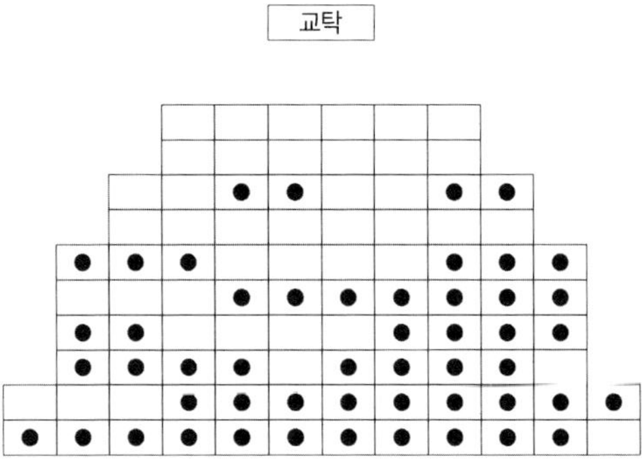

교탁

다. 한눈에도 밀집해 있는 걸 알 수 있을 겁니다.

저의 학창시절, 그리고 얼마 전까지만 하더라도 보통은 자리를 한 칸씩 비우고 앉았습니다. 옆자리에 가방을 놓고 싶기도 하고, 남자끼리 붙어 앉으면 숨이 막히니까요. 한 칸 띄운 정도의 거리면 장난을 치고 싶을 때는 마음만 먹으면 언제든지 칠 수 있습니다. 두세 명이 나란히 앉는 일은 있었지만, 양쪽 끝 어디로도 빠져나갈 수 없을 만큼 꽉 채워 앉는 건 왠지 답답해서 피했지요.

하지만 지금은 다릅니다. 친구라는 인식이 있으면 어디까지고 끝없이 옆자리를 채워서 앉습니다. 그 결과, 맨 끝줄은 한 줄이 빼곡하게 채워지는 일도 드물지 않습니다. 교단에서 보면 좀 안쓰러울 정도로 끼어 앉아 있습니다. 어쩌면 다른 수업 시간에 그렇게 앉도록 지시한 건지도 모릅니다. 착실한 학생들이 그걸 모든 수업 시간에 적용되는 규칙이라고 착각하고 있는 게 아닐까요? 그래서 마음 따뜻한 필자는 이렇게 말합니다.

"이 강의에서는 자유롭게 앉아도 되니까 마음에 드는 자리에 앉아요. 봐요, 여기는 이렇게 비어 있으니까 여유 있게 앉아도 괜찮아요."

필자는 상냥함 끝판왕이니까 덧붙여서 이렇게 말합니다.

"지금부터 10분 쉬겠습니다. 그동안 자유롭게 이동하세요."

이제 쉬는 시간이 끝났습니다. 좌석 배치는 어떻게 되었을까요? 결론부터 말하자면 쉬는 시간 전과 달라진 게 없습니다. 학생들은 원해서 그렇게 앉았던 것이지요. 즉, 그 꽉 끼인 배치가 그들의 베스트 포지션이라는 뜻입니다.

게다가 학생의 좌석 배치를 몇 년 동안 관찰하다 보면 좋든 싫든 간에 느끼는 것이 있습니다. 바로 남학생과 여학생의 공간 분리입니다. 구체적으로는 해마다 남자는 남자, 여자는 여자끼리 뭉치는 경향이 강해지고 있습니다. 최근에는 교실을 둘로 나눈 것처럼 앉아 있는 경우도 드물지 않습니다. 결과적으로 남자 줄에 여자가 섞여 있으면 상당히 눈에 띄지요.

궁금한 점은 어째서 학생들은 이런 식으로 앉는 걸 선호하게 되었느냐는 것입니다. 반복하지만 이게 그들의 베스트 포지션입니다. 대체 어떤 심리인 걸까요?

이 책에서는 대학생을 포함한 요즘 젊은이들을 주요 대상으로 삼아 그들의 복잡하고 미묘한 심리를 풀어가려고 합니다. 오래전부터 '요즘 대학생은 성실하고 고분고분하다'라는 말을 해왔습니다. '멘탈이 약하고, 섬세하며 무슨 생각을 하는지 모르겠다'라는 말도 해왔지요. 시대와 더불어 젊은이들의 속마음도 변하고 있습니다. 이 책에서는 요즘 그들의 성향을 가능한 한 알기 쉽게 설명하고자 합니다. 주목받고 싶지 않은, 칭찬도 불편한 2030대의 특성을 이해하고 함께 공존하는 법을 배워봅시다. 여기서 독자 여러분께 약속하고 싶은 두 가지가 있습니다.

첫 번째, 가능한 한 즐겁게, 어설픈 농담도 섞어가며 이야기를 풀어가겠습니다. 단순한 경험이나 실험의 결과만을 적은 것이 아니라 학술적인 문제의식에 기초를 두고 있습니다.

두 번째, 가능한 한 요즘 젊은이들을 코믹하게, 약간은 냉소적으로 묘사하겠습니다. 물론 그들과 함께 캠퍼스 생활을 하면서 조금이라도 밝은 미래를 구축하기 위해 노력하는 젊은이들이 적잖이 존재한다는 사실을 저 역시 압니다. 젊은이들에게 정말 많은 걸 배웁니다. 그리고 만약 변해야 한다면 그건 그들이 아니라 어른들이 만든 사회라고 강하게 말하고 싶습니다.

가나마 다이스케

차례

제3장 | 내 제안이 채택될까 봐 두려워요

스스로 결정하지 못하는 젊은이들

제4장 | 붕 뜨면 어쩌나 늘 걱정이에요

보험에 보험을 거는 인간관계

제5장 | 취업 활동을 할 때도 발휘되는 착한 아이 증후군

오로지 안정을 찾아서

제6장 | 부탁받으면 못 할 것도 없지만요

사회 공헌에 대한 비뚤어진 동경

제9장 | 다른 사람의 발목을 잡는 현대인

그들을 만든 사회

제10장 | 착한 아이 증후군인 젊은이들에게

환경을 바꾸고, 자신을 바꿔라

제1장

선생님,
제발 모두 앞에서
칭찬하지 마세요

튀고 싶지 않은 젊은이들

솔직하고 착한 아이, 성실하고 바른 아이들의 시대

흔히 요즘 젊은이들을 두고 '솔직하고 착하다', '성실하고 바르다'라고 평가합니다. 그러면서 동시에 '무슨 생각을 하는지 모르겠다', '의욕이 없는 것 같다'라고 말하기도 하지요. 마치 다른 사람을 두고 하는 말 같지만, 같은 젊은이를 다른 각도에서 평가한 것뿐입니다. 이 책에서는 요즘 젊은이들을 '착한 아이'라고 칭하고 그들의 이해하기 어려운 기질과 사랑스러운 특징에 가볍게 접근해 보려 합니다. 요즘 젊은이들은 다음과 같은 행동

특성이 있습니다.

- 주변 사람들과 원만한 관계를 유지하며 협조적이다.
- 겉보기에 활기차고 젊은이답다.
- 학교나 회사 등 단체생활에서는 평등이 기본이다.
- 다섯 명이 순서를 정할 때는 세 번째나 네 번째를 노린다.
- 시키는 일은 하지만, 그 이상은 하지 않는다.
- 다른 사람 의견은 듣지만, 자기 의견은 말하지 않는다.
- 안 좋은 일이 생기면 가능한 한 미뤘다가 보고한다.
- 질문은 하지 않는다.
- 수평적 분위기를 중요하게 여기며 수직적 관계를 꺼린다.
- 수업이나 회의에 참여할 때는 뒤쪽에 앉아 존재감을 드러내지 않고 최대한 묻어간다.
- 온라인에서도 존재감을 드러내지 않으면서 묻어간다.
- 질문에는 반응하지 않는다.
- 규칙에는 따른다.
- 가장 싫어하는 역할은 리더 역할이다.
- 자기긍정감이 낮다.
- 경쟁을 싫어한다.

- 딱히 하고 싶은 일이 없다.

저는 요즘 젊은이들의 이러한 행동 특성과 심리적 특징에 '착한 아이 증후군'이라는 이름을 붙이려 합니다. 연령대는 대학생부터 20대 초반을 상정하고, 착한 아이 증후군에 걸린 젊은이들에 관한 공감 가는 이야기를 해 보겠습니다.

'튄다'라는 말의 새로운 의미

여러분은 '튄다'라는 말을 들으면 어떤 생각이 드나요? 표준국어대사전에는 '어떤 행동이나 말 따위가 다른 사람의 시선을 끌다'라고 나와 있습니다. 그렇게 나쁜 의미는 아닌 듯합니다. 그런데 일반적으로 상당히 부정적인 느낌으로 사용하고는 하지요. 예를 들어 사회인들은 "실수하는 바람에 괜히 튀었네", "하필 갑질 상사가 보는데 튀는 행동을 했지 뭐야" 하는 식으로 쓸 겁니다. 중학생이라면 아마 이렇게 사용하겠지요.

A : "저번에 친구랑 둘이 한 자전거 타고 가는 걸 선생님이 보신 듯?"

B : "진짜? 완전 튀었을 것 같은데?"

요컨대 안 좋은 행동을 했을 때나 그걸 들켰을 때, 특별한 관심의 대상이 된다는 뉘앙스입니다. 그렇다면 요즘 대학생은 이 말을 어떻게 사용할까요? 아마 이런 식으로 사용할 겁니다.

C : "어제 수업에서 2주 연속으로 교수님 질문에 대답하는 바람에 혼자 튄 것 같아."

D : "헐, 다른 애들만 네 덕 봤네."

느낌이 오십니까? 요컨대 좋은 일을 했을 때도 '튀었다'라고 말합니다. 참고로 D는 C에게 이렇게 조언하지 않을까요? "헐, 다른 애들만 네 덕 봤네. 다음부터는 두 번에 한 번은 곧바로 대답하지 말고, 생각하는 척하면서 뜸을 들여 봐. 그러면 교수님도 답답해서 그냥 진도 나가실걸?"

학생들이 제일 싫어하는 수업은?

이 흐름을 타고 다음 질문에 답해보시기를 바랍니다. 다음 중, 요즘 대학생들이 가장 싫어하는 수업은 어떤 수업일까요?

- 지정석에 앉아야 한다.
- 항상 늦게 끝난다.
- 내용이 너무 어렵다.
- 지목당한다.
- 강의실 에어컨이 너무 약하다(혹은 너무 세다).
- 교수님이 하는 말을 못 알아듣겠다.
- 성적이 공개된다.
- 1교시 수업이다.

과연 하나같이 짜증스러운 강의들입니다. 사실 저는 학생들에게 이 질문을 여러 번 해 보았습니다. 다만, 질문 방식이나 시기 등이 상황에 따라 달랐기에 학술적인 타당성은 보장할 수는 없습니다. 요컨대 이 데이터로 논문을 쓸 수는 없습니다. 그래도 응답자에게 최대 세 개까지 동그라미를 치도록 했기 때문에 단순 계산은 가능합니다. 결과는 도표 1-1과 같았습니다.

도표 1-1 대학생이 고른 싫어하는 수업 랭킹

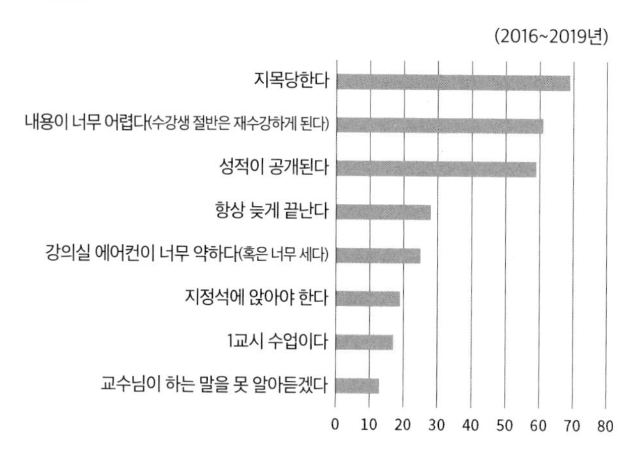

어떤가요? 여러분의 예상이 맞아떨어졌나요? 전체적으로는 상위 세 개 항목과 하위 다섯 개 항목으로 나뉘는 구조가 되었습니다. 우선 놀라운 것은 '지목 당하는' 강의가 싫어하는 강의 1위에 올랐다는 사실입니다. 저

의 사전 예상으로는 '내용이 너무 어렵다(수강생 절반은 재수강하게 된다)'가 단독 1위였습니다. 그런데 막상 뚜껑을 열어 보니 그렇지 않았지요. 학생들에게 물어보니 '내용이 어려운 건 노력하면 어떻게든 따라갈 수 있다. 하지만 지목당하는 건 어떻게 할 도리가 없다. 지목을 당하면 다음 시간부터는 수업에 나가기가 정말 싫어진다'라고 하더군요.

앞에서 '튄다'의 새로운 의미를 해석해 보았습니다. 이 랭킹 결과를 합하면 현재의 대학생에게 눈에 띄는 일이 얼마나 중대한 사건인지 알 수 있습니다. 참고로 최하위는 '교수님이 하는 말을 못 알아듣겠다'였습니다. 강의하는 입장에서는 가장 많이 신경을 쓰는 부분인데 그건 특별히 상관이 없다니 어쩐지 씁쓸합니다.

1교시 수업이니까 1교시에 나갈 뿐

멋대로 단정해서 미안하지만, 추측건대 독자 여러분은 1교시를 싫어했을 겁니다. "나한테 오전은 한밤중이나 마찬가지야"라고 말하던 친구가 생각나네요. 아니, 생각해 보니 이 책을 읽는 사회인이라면 학창시절부터 1교시 수업은 물론이고, 여러 가지 일에 적극적으로 참여하는 사람들이 대부분이었을지도 모릅니다. 지금 이 책을 손에 들고 있는 게 그 증거입니다. 지식을 적극적으로 받아들이고 활용하는 습관이 있겠지요. 지금도 자기 직무에서 높은 성과를 올리고 있을 겁니다.

독자 여러분을 어르는 건 여기까지 하고, 이야기를 다시 1교시로 돌려보겠습니다. 무슨 말이 하고 싶으냐 하면 도표 1-1이 나타내듯이 요즘 대학생 중에는 '1교시 박멸 협의회' 회원이 아닌 친구도 있는 것 같습니다. 저는 오랫동안 1교시 수업을 담당해 왔는데, 확실히 아침 일찍이라고 해서 출석률이 떨어지는 일이 최근에는 별로 없습니다. 학생들에게 이유를 물어보면 '그렇게 해야 하루를 길고 효과적으로 쓸 수 있어서 좋다'라는 모범답안이 돌아오고는 합니다.

회사에 다니는 분에게 이런 이야기를 하면 하나같이 "오! 요즘 학생들은 의욕이 넘치고 좋네요"라는 반응입니다.

그런데 이 학생들의 의욕이 정말로 높은 건 아닙니다. 아침부터 학교에 온다고 해서 의욕이 있는 것도, 노력파인 것도 아니지요. 미리 낸 수업료가 아까운 것도 아니고, 그렇다고 제가 '한 번이라도 빠지면 학점을 안 주겠다'라고 협박을 한 것도 아닙니다. 그렇다면 왜 1교시 수업에 꼬박꼬박 나오는 걸까요? 정답은 '1교시라고 정해져 있으니까'입니다. 어안이 벙벙해졌다면 당신은 아직 착한 아이 증후군 지수가 낮은 겁니다.

실제로 이게 진짜 이유입니다. 조금 더 쉽게 설명하자면 정해진 1교시 수업에 자기만 나가지 않는 걸 생각하면 왠지 모르게 불안해지니까 나가는 것입니다. 수업에 빠지면 교수님뿐 아니라 친구들 사이에서도 주목받을지도 모릅니다. 학교를 빠진 일이 이야깃거리가 될지도 모르지요. 자기가 없는 사이에 누군가 자기 이야기를 할지도 모릅니다. 그건 왠지 초조하지요. 그래서 1교시 수업에 나가는 것입니다. 다수에 속함으로써 안심하는 심리지요.

판서는 착실하게 노트에 옮겨적습니다. 중요한 부분이라고 하면 밑줄을 긋지요. 자리를 지정해 주면 그 자리에 앉습니다. 그렇지만 모르는 게 있어도 질문은 하지 않습니다. 그리고 교수님이 틀린 말을 해도 지적하지 않지요.

이게 요즘 강의 시간에 볼 수 있는 일반적인 대학생의 반응입니다. 한마디로 말하자면 활기가 없고, 반응이 약합니다. 여기에 익숙하지 않은 사람이 처음으로 교단에 서면 혼자서 떠드는 느낌에 정신이 아득해질지도 모릅니다.

익명으로 하는 순간 손을 든다

그렇다면 어떻게 해야 수업 시간을 활기차게 만들 수 있을까요? 교수가 질문하자마자 강의실 여기저기에서 손을 드는 열혈 교실은 지금의 일본에서는 꿈같은 이야기일까요? 실은 아주 간단하게 열혈 교실을 실현할 방법 한 가지가 있습니다. 익명화입니다. 익명화의 힘은 여러분이 생각하는 것보다 훨씬 강력합니다.

그 비법은 이런 식입니다. 최근에는 질문이나 의견을

간단하게 보낼 수 있는 애플리케이션이 많습니다. 그걸 활용해 강의 중에 던진 질문에 스마트폰으로 답하게 하는 겁니다. 닉네임으로 등록해도 된다고 하면 익명성이 보장됩니다. 애플리케이션 화면을 강의실 스크린에 비추면 다른 수강생이 어떤 질문을 하는지도 볼 수 있습니다.

이렇게 하면 질문과 의견이 쉴 새 없이 쏟아집니다. 어떤 때는 의견이 너무 많아서 눈으로 좇을 수 없는 상황이 되기도 하지요. 새삼스럽게 말하지만, 구두로 질문을 하게 하면 아무도 손을 안 듭니다. 아무리 생각해도 질문이 없을 리가 없는 주제, 예를 들어 '취업 활동을 하는데 걱정되는 부분이 있습니까?' 같은 질문을 던져도 우주 공간에 있는 것 같은 적막함은 변하지 않습니다. '질문이 나오는 건 익명이라서가 아니라 스마트폰이라서 아닌가?'라고 생각하는 분도 있을지 모릅니다. 학생들에게는 손에 익은 도구니까요. 하지만 그렇지 않습니다. 중요한 건 익명성이며 눈에 띄지 않는 것입니다.

'칭찬'은 '압박'

저는 학생을 자주 칭찬하는 편이라고 생각하고, 남들에게 칭찬을 잘한다는 말을 듣기도 합니다. 어떤 식으로 칭찬하는 게 효과적인지도 꽤 많이 알고 있지요. 따라서 그 지식을 약간 활용해서 칭찬하려고 신경을 씁니다. 쉽게 말해 계산한다는 말이지요.

그런데 10년 정도 전에 강의가 끝나고 나서 한 학생에게 뜻밖의 쓴소리를 들은 적이 있습니다. "선생님, 제발 모두 앞에서 칭찬하지 마세요"라는 말이었지요. 이 학생 말고도 사람들 앞에서 칭찬한 다음, 갑자기 말수가 줄어든 학생도 있었습니다. 이건 무슨 심리일까요? 몇 번이나 고민을 거듭한 결과, 사람들 앞에서 칭찬받을 바에야 아무 말도 듣고 싶지 않은 배경에는 다음 두 가지 심리가 관여한다는 사실을 깨달았습니다.

첫째, 그들은 자신감이 부족합니다. 요즘에는 자기긍정감이 낮고, 능력 면에서 기본적으로 자신이 부족하다고 생각하는 20대가 많습니다. 이러한 심리 상태에서 다른 사람들 앞에서 칭찬을 받으면 부족한 자신에 대한 큰 압박으로 이어집니다. 즉, 칭찬이 고스란히 자신에 대한 '압박'이 되는 것이지요. 이 '칭찬=압박'이라는 도식은 착한 아이 증후군의 대표적인 특징이니 꼭 기억해 두시기를 바랍니다.

둘째, 그들은 자신에 대한 이미지가 변하거나 자기라는 존재의 인상이 강해지는 것을 몹시 두려워합니다. 칭찬을 받아서 기쁜 마음도 물론 있지만, 그런 건 티끌만큼 작게 느껴질 정도로 눈에 띄는 것에 대한 저항감이 절대적입니다. 그런데도 계속해서 다른 사람 앞에서 칭찬받으면 어떤 기분이 드는지를 여러 학생에게 물어봤더니 '집에 가고 싶은 생각밖에 안 든다'라고 합니다.

이런 말을 들으면 시험 삼아 젊은이를 칭찬해 보고 싶어지는 독자분도 많을 것 같네요. 그 마음은 잘 압니다만, 제가 시험해 본 결과가 썩 좋지 않더군요. 그들을 제대로 칭찬하고 싶다면 다른 사람 앞이 아닌 곳에서 칭찬해 주세요. 대부분 호의적으로 받아들인답니다.

제2장

누구나 평등하게 대해주세요

이상은 언제나 평등 분배

02

그들이 선택하는 방식

미안하지만 계속해서 당신이 대학생이라고 생각해 주시기를 바랍니다. 시기는 대학교 2학년 12월입니다. 주 4일 통학에, 마찬가지로 주 4일 아르바이트, 그리고 주 3일은 동아리 활동을 하는 날들이 이어집니다. 대학 생활은 여러분이 상상하는 것만큼, 혹은 회상하는 것만큼 장밋빛이 아니고 생각보다 단조롭습니다.

저의 관찰에 의하면 특히 인문계 학부에 소속된 학생은 2학년에서 3학년으로 올라갈 때 큰 변화를 경험합니다. 오히려 3학년부터가 진짜 대학 생활의 시작이라고 해도 좋을 정도지요. 2학년까지는 굳이 말하자면 고등학교 생활의 연장에 가깝습니다.

1, 2학년의 커리큘럼은 어학 계통을 포함한 필수 과목 혹은 선택 필수 과목이 많습니다. 그러다가 3학년으로 올라가면서 전공 과목을 주축으로 한 커리큘럼으로 단숨에 바뀌지요. 필연적으로 교실 안에서 마주치는 사람들도 크게 달라집니다.

게다가 3학년부터 세미나(지도 교수와 소수 학생이 모여 특정 주제에 대한 연구 발표나 토론을 하는 것으로, 일본 대학의 문과 계열 학생들은 대부분 3, 4학년 때 세미나 활동을 하게 된다—역자 주)에 배치됩니다. 이과 계열인 사람은 잘 모를 수도 있는데, 이른바 연구실 배치라고 생각하면 됩니다. 일반적으로 세미나는 교수 한 명과 국립대학이면 각 학년에서 일곱 명 정도, 사립대학이라면 스무 명 정도의 학생으로 구성되고, 학생들이 돌아가면서 특정 과제의 연구 조사 결과를 발표합니다. 3학년은 필수 과목이 줄어드는 만큼 소속 세미나가 새로운 보금자리라고 느끼는 학생도 적지 않습니다. 배치를 결정하는 시기는 대학이나 학부마다 다소 차이가 있습니다만, 보통은 2학년 끝자락에 실시하는 경우가 많습니다.

서론이 길어졌는데 여러분도 이 세미나 배치를 간접 체험해 보셨으면 좋겠습니다. 이제 당신이 다니는 대학의 세미나 스무 개 중에서 1지망부터 3지망까지 선택할 수 있다고 해봅시다. 포털에서 희망하는 세미나 이름을 클릭하면 끝날 만큼 지원 절차는 간단합니다. 그렇지만 일은 그렇게 간단하게 끝나지 않습니다. 사실 저는 세미나 배치가 대학 생활에서 가장 큰 이벤트라고 생각합니다. 각 세미나의 인기는 균등하지 않지요. 당신이 들어가고자 하는 세미나에 다른 학생도 들어가고 싶을지도 모릅니다. 어쩌면 일부 세미나에 학생들이 몰릴 수도 있습니다. 그렇다고 학생 선발 방법을 선착순이나 무작위 추첨으로 할 수는 없습니다. 그 때문에 많은 대학에서는 세미나 담당 교수를 비롯한 여러 교수로 구성된 위원회가 학생의 그때까지 보인 성적과 의욕, 공부하고자 하는 주제 등에 대해 토론한 뒤 최종적으로 세미나를 결정합니다.

이상의 조건을 학생 모두가 이해한 다음 지원한다면

어떤 일이 일어날까요? 그리고 당신은 어떤 기준으로 지원할 세미나를 정할까요? 친구의 동향도 신경 쓰이고, 세미나 개최 빈도나 시간대는 물론이고 3, 4학년이 함께 듣는 세미나라면 선배들 분위기도 신경 쓰일 겁니다. 수업을 들어본 적이 없는 교수님의 세미나를 선택하려 할 때는 교수님 성격도 무시할 수 없지요. 들어가고 보니 분위기가 엄청나게 침체돼 있을 수도 있으니까요. 반대로 지나치게 들뜬 분위기라도 혼자 방치될 것 같아 불안합니다. 남녀 비율도 은근히 중요할지 모릅니다. 들어가 봤더니 온통 이성뿐인 초조한 상황은 어떻게든 피하고 싶으니까요. 합숙이나 여행은 재밌을 것 같으니까 각종 행사에 적극적인 세미나가 좋을 것 같기도 하지만 구성 인원에 따라서 합숙이 지옥으로 변할 가능성이 전혀 없지는 않지요.

이렇게 대학생도 아니면서 망상을 펼치는 여러분을 현실로 돌려놓기 위해 선택지를 조금 간단하게 만들어 보겠습니다. 실제 학생들의 지원 행동은 대체로 다음 네 지로 분류됩니다. 다시 한번 당신이라면 어떤 선택지를 고를지 생각해 보시기 바랍니다.

① 다른 사람은 상관없다. 들어가고 싶은 세미나부터 순서대로 1지망, 2지망, 3지망을 넣는다.
② 들어가고 싶은 세미나를 1지망으로 하고 인기가 별로 없을 거라고 예상되는 세미나에 2, 3지망을 지원한다.
③ 들어가고 싶은 세미나 후보를 여러 개 알아본 뒤, 그중에서 가장 인기 있을 것 같은 세미나와 두 번째로 인기 있을 것 같은 세미나는 피해서 지원한다.
④ 처음부터 인기 있을 거라고 생각되는 세미나는 제외하고, 그 외에서 무난해 보이는 세미나에 지원한다.

이제 각각의 심리를 해석해 봅시다. 희망 우선형인 ①번에는 크게 두 가지 유형이 존재합니다. 먼저 자기 자신, 혹은 자기 성적에 자신이 있는 타입입니다. 분명 지금까지도 어느 정도 자신 있는 어떤 선택을 해왔음에 틀림 없습니다. 또 하나의 유형은 그다지 깊이 생각하지 않는 타입입니다. 일단 흥미는 가지지만 생각하는 게 점점 귀찮아져서 될 대로 되라는 식으로 결론을 내립니다.

적극적 보험형인 ②번은 ①번만큼 자신은 없지만, 그래도 처음부터 자기 희망을 굽히기는 싫어합니다. 균형

중시형이라고도 할 수 있습니다. 1지망에 들어가고 싶다고 생각하면서도 떨어져서 실망하게 되는 경우도 상상하고 말지요. 그래서 너무 강하게 염원하지 않도록 신경 쓰면서 확실하게 보험을 들어 둡니다.

소극적 보험형인 ③번은 언뜻 보기에 ②번과 비슷해 보입니다. 다른 것은 ②번보다 더 자신감이 없고 ②번보다 더 주변 상황을 의식한다는 점입니다. '자기 희망 < 리스크 회피'라는 힘의 관계가 끊임없이 작동하는 성격이라고 할 수 있습니다.

경쟁 회피형인 ④번도 크게 두 가지 타입으로 나눌 수 있습니다. 첫 번째는 자신감이 전혀 없는 타입입니다. 특히 '최종 결정 전에 세미나 담당 교수님과의 면접이 필수'인 대학이라면 인기 세미나는 쳐다도 보지 않습니다. 떨어지는 그림밖에 그려지지 않으니까요. 두 번째는 애초에 공부나 대학 자체에 흥미가 없는 타입입니다. 이른바 학점을 쉽게 딸 수 있는 과목과 널널한 세미나를 노리는 게 목적입니다.

최고의 선택은 '적당한 것'

이 사고 실험은 여러 대학의 사례를 조합해서 창작한 것이기 때문에 안타깝지만, 실측에 따른 완전한 데이터는 존재하지 않습니다. 따라서 필자의 경험과 연구 결과를 바탕으로 한 추정이기는 하지만, 요즘 대학생의 선택 결과를 정리하면 대략 다음 같은 비율이 나옵니다.

①:②:③:④ = 5:20:40:35 (단위:%)

보시는 것처럼 ③과 ④가 대부분을 차지합니다. 제 주위에는 비교적 의욕적인 학생이 많기에 그만큼 선입견이 들어가 있고, 사실은 ④가 더 많은지도 모릅니다. 자신의 1지망을 우선으로 하는 ①과 ②는 합쳐서 전체의 4분의 1 정도밖에 없습니다.

별로 차이가 없는 것처럼 보일지 모르지만, 한 가지 분명히 해 두어야 할 것이 있습니다. 실은 신청 개시부터 접수 마감까지 어느 세미나의 지원자 수가 몇 명인지는 교육용 포털 사이트에 공개되어 있어서 언제든지 볼 수 있다는 사실입니다(지원한 학생의 이름은 가립니다). 또 지원 기간 안에는 몇 번이든 지원 세미나를 바꿀 수 있습니다. 제가 아는 한 상당수의 대학이 이와 비슷한 형태로 운용하고 있습니다.

그러면 어떤 일이 일어날까요? 왠지 재빨리 지원하는 학생과 마지막까지 상황을 지켜보는 학생으로 나뉠 것 같지요. 하지만 실제로는 많은 학생이 재빨리 지원을 끝냅니다. 그런 다음 상황을 지켜봅니다. ②나 ③처럼 주위의 움직임을 신경 쓰는 학생도 희망하는 세미나에 먼저 지원한 다음, 나중에 들어오는 학생을 견제하는 것이지요.

그 결과 자연스럽게 지원자 수가 조정되고, 특정 세미나만 경쟁률 5:1이 되는 이상 사태로 번지지는 않습니다. 인기 세미나라도 2:1 정도 비율로 수습됩니다. 때에 따라서는 세 번째로 인기 있을 거라고 생각되던 세미나에 가장 많은 지원이 몰리기도 합니다. 대학 수험에서 동경대학의 경쟁률이 가장 높지 않은 것과 같은 현상입니다.

이런 상황을 마주할 때마다 요즘 학생은 10대 때부터

이런 자주적 조정을 반복해 왔을 거라는 생각이 듭니다. 조정을 지나치게 하다 보면 '적당한 것'이 제일 인기 있는 것이 됩니다.

그리고 이처럼 다른 사람을 강하게 의식한 행동을 취하게 되는 데는 요즘 20대에게 공통된 특징이자 독특한 특징인 '횡렬주의'가 있습니다. 이 책에서는 요즘 20대가 다른 사람과 차이 나는 행위를 얼마나 배척하는지와 그 배경에 있는 강한 평등 의식에 관해 논해보려고 합니다.

노력에 따른 분배가 옳다?

여기서 퀴즈를 하나 내겠습니다. 개인적으로 이 퀴즈가 몹시 마음에 들어서 자주 활용합니다.

다음 네 가지 선택지 가운데 당신은 무엇이 가장 공정한 분배라고 생각하나요?

① 평등 분배

② 필요성 분배

③ 실적에 따른 분배

④ 노력에 따른 분배

선택지에 해석을 조금 덧붙이겠습니다. ①번 평등 분배란 그 이름에서 상상할 수 있는 것처럼 연령이나 성별, 개개인의 능력 등 개인 차이를 모두 무시하고, 천편일률적으로 분배하는 방식입니다. 가장 간단하고 알기 쉬운 분배라고 할 수 있겠지요.

그런데 어떤 것을 균일하게 분배하려고 하면 그것을 더 원하는 사람도 있고 반대로 원하지 않는 사람이 나올 수도 있습니다. 예를 들어 사과를 사람들에게 나눠 줄 때 굳이 싫어하는 사람한테까지 나눠 줘야 할까요? 이럴 때도 균일하게 분배하는 것이 전체에게 최적이라고 생각하는 사람은 아마 없을 겁니다.

그래서 ②번 필요성 분배가 부상합니다. 이는 개인의 필요도에 따라 분배량을 달리함으로써, 더 많은 사람의 욕구를 채워주려는 생각에서 나온 분배 방식입니다. 가령 업무상으로는 같은 급여를 받아야 하더라도 부양가족이 많은 사람에게 조금 더 많이 분배하는 것은 실제로 행해지는 방식입니다.

다음은 ③번 실적에 따른 분배입니다. 이쯤부터 분배 방법은 더 현실적이면서 의견이 나뉘는 영역으로 돌입합니다. ③은 이른바 성과주의로 대표되는 분배 방법으로, 높은 성과를 올린 사람은 그만큼 큰 노력과 비용을 희생한 것이기에 그에 응당한 분배를 해 주어야 한다는 관점입니다.

②의 필요성에 따라 분배하는 안은 얼핏 상당히 공평하게 느껴지기는 하지만, 분배 대상자가 완벽하게 똑같은 양, 또는 똑같은 질의 일을 했다는 전제가 필요해집

니다. 가령 부양가족이 없는 A 씨가 B 씨보다 조직에 공헌한 바가 더 클 때, 부양가족이 많다는 이유만으로 B 씨의 보수가 많다면 A 씨는 의욕이 떨어질 테니까요.

이처럼 ②와 ③에 대한 서로 반대되는 의견이 나옵니다. 어떤 사람은 필요도가 높은 사람, 혹은 가난한 사람에게 많은 도움을 주는 게 인도적이라고 말합니다. 한편으로 필요도와는 상관없이 성과나 공헌도로 보상받아 마땅하며, 그러지 않으면 사람도 조직도 성장하지 않는다는 논리도 설득력이 있습니다.

이 대립하는 관계를 완화할 가능성을 품고 있는 것이 ④번 노력에 따른 분배입니다. 이는 그 이름처럼 개인의 노력량에 따라 분배량을 결정하는 것으로, ③번 실적에 따른 분배와 대비되는 경우가 많습니다. 실적은 타고난 재능이나 자란 환경의 차이에 영향을 받는 경우도 많기에 ③의 방식을 선택하면 재능이나 환경의 혜택을 받지 못한 사람은 언제까지고 낮은 보수에 만족할 수밖에 없습니다. 한편, 노력의 양은 재능이나 환경과 달리 스스로 100% 컨트롤할 수 있는 지표가 되기 때문에 공평하고 공정하다고 할 수 있지요.

서론이 길어졌습니다만, 독자 여러분은 몇 번을 지지하나요? 몇 번이 가장 많은 사람의 지지를 받을 거라고 생각하나요? 실은 실제로 설문을 준비해서 조사한 결과가 있습니다. 게다가 흥미롭게도 이 조사에서는 남녀별로 통계를 냈습니다. 결과는 다음과 같습니다.

① 평등 분배 : 남성 5.2%, 여성 7.5%

② 필요성 분배 : 남성 9.8%, 여성 9.1%

③ 실적에 따른 분배 : 남성 30.4%, 여성 16.6%

④ 노력에 따른 분배 : 남성 51.2%, 여성 62.2%

어떤가요? ④번 노력에 따른 분배가 반 이상의 지지를 받는 결과가 나왔습니다. 특히 여성의 지지 비율이 높았고, 남성은 성과주의에 가까운 실적 분배를 지지하는 사람도 꽤 많습니다.

대학생이 고른 가장 공정한 분배 방법

이것만으로도 충분히 흥미로운 주제와 데이터지만 여기서 끝내면 섭섭하겠지요. 이제부터가 본론입니다. 실은 저도 20대 대학생을 대상으로 데이터를 수집했습니다. 2018년 12월부터 2020년 11월 사이에 여러 차례에 걸쳐서 수집한 설문(대상자 : 여러 대학의 2~4학년생 및 대학원 1학년생 211명) 결과는 이렇습니다.

① 평등 분배 : 남성 49.0%, 여성 53.2%

② 필요성 분배 : 남성 5.9%, 여성 5.5%

③ 실적에 따른 분배 : 남성 19.6%, 여성 16.5%

④ 노력에 따른 분배 : 남성 25.5%, 여성 24.8%

솔직히 저는 이 결과를 보고 무척이나 놀랐습니다. 젊은이의 동기부여를 연구하는 제가 놀랄 정도니 말 다 했지요. 할 말이 너무 많아서 무슨 말부터 해야 할지 모르겠습니다. 무엇보다 먼저 앞에서 소개한 일본인 전체의 결과와 크게 다르다는 사실은 일목요연합니다.

그중에서도 가장 눈길을 끄는 것이 ①번 평등 분배가 많다는 겁니다. 한마디로 요즘 대학생의 절반은 절대적인 일률적 분배가 가장 공정하다고 생각한다는 것이지요. 요즘 젊은이들 가운데는 어떤 이유든 상관없이 분배량을 바꾸는 것 자체에 위화감을 느끼는 사람이 많다는 뜻이 됩니다.

그만큼 나머지 세 가지는 표가 줄었습니다. 특히 주목하고 싶은 두 가지 포인트가 있습니다. 분명히 해 두자면 앞선 조사 결과는 대상이 전 세대에 걸쳐 있었고, 조사 기간이 1990년대였다는 점에서 필자의 조사와 다릅니다. 첫 번째 포인트는 그 전 세대 조사에서도 표가 적었던 '필요성 분배'가 젊은이들 사이에서 점유율이 더욱 떨어졌다는 것입니다.

필요성 분배는 앞에서 언급한 것처럼 실적이나 노력에 상관없이 지금 그것이 필요하다고 여겨지는 사람에게 많이 베풀어야 한다는 생각입니다. 받아들이는 방식에 따라 다를 수 있지만, 곤경에 처한 사람에게 많이 분배한다는 의미에서는 일반적으로 가장 인간적인 분배 방법이라고 할 수 있겠지요. 하지만 요즘 대학생 대부분은 이를 선택하지 않습니다.

두 번째 포인트는 '노력에 따른 분배'의 표가 크게 떨어졌다는 것입니다. 과거의 결과를 봤을 때 노력 분배가 가장 많은 표를 받았다는 사실이 상당히 일본답다고 생각한 사람도 많겠지요. 하지만 대학생을 대상으로 한 조사에서는 그 비율이 반감하고 있습니다.

해외에서도 젊은이들은 노력 분배를 지지하지 않을까요? 예를 들어 미국 사회는 더 건조해서 실적 분배의 지지율이 높을까요? 그래서 유학 시절 만났던 미국 대학 친구에게 부탁해 학생들에게 똑같은 질문을 해 보았습니다. 참고로 온라인 수업 중에 질문하고, 그 자리에서 답하게 했습니다. 그 결과는 다음과 같습니다.

① 평등 분배 : 1.4%

② 필요성 분배 : 29.0%

③ 실적에 따른 분배 : 56.5%

④ 노력에 따른 분배 : 13.0%

안타깝게도 샘플 수가 적어서 남녀로 나눠서 분석할

수는 없지만, 일본인과의 차이를 대략적으로나마 봐주시기를 바랍니다. 곳곳에서 흥미로운 차이를 엿볼 수 있습니다.

먼저 ①번 절대적 평등을 지지하는 비율이 매우 적습니다. 사실 이번 조사에서는 단 한 명뿐이었습니다. 그 사람은 미국 사회에서 붕 떠 있을 게 틀림없습니다. 실적에 따른 분배가 가장 많은 것이 미국답습니다. 그만큼 노력에 따른 분배가 적은 것 역시 미국의 전형적인 분위기를 보여주는 것 같아서 웃음이 나오기도 합니다.

제가 가장 뜻밖이라고 생각한 것은 ②번 필요성 분배입니다. 비율로 봤을 때 두드러지지는 않지만, 앞선 일본인 학생 조사와 비교해 보시기 바랍니다. 필요한 사람에게 나눠 주는 정신은 일본보다 미국에서 훨씬 깊이 뿌리내린 것 같습니다. 이런 결과를 보여 주면 일본에 질려서 슬슬 미국으로 건너가려는 인재들이 속출할 것 같습니다. 아무리 노력해도, 실적을 올려도, 평등 분배를 면치 못한다면 의욕이 날 리가 없지요.

젊은이는 왜 경쟁을 싫어할까

이 장 주제의 배경에 있는 것은 궁극적인 횡렬주의고, 그것의 상징은 일률적인 평등 분배입니다. 여기서는 이와 관련한 또 한 가지 이야기를 하려고 합니다. 경쟁에 관한 이야기입니다. 결론부터 말하자면 요즘 젊은이는 경쟁을 매우 싫어합니다.

저는 기업에서 연구 개발에 종사하는 사람들을 대상으로 상사와 부하직원의 모티베이션 갭(motivation gap)을 연구한 적이 있습니다. 상사는 '이렇게 하면 부하직원들이 의욕을 낼 것이다'라고 생각하지만 자칫 잘못하면 기겁하게 만들기도 합니다. 애초에 부하직원들은 그런 것에 전혀 흥미가 없을 가능성이 크지요. 그 차이를 모티베이션 갭이라 부르는데, 왜 그런 엇갈림이 생기는지 분석한 것입니다. 이 연구에 따르면 이른바 '사장님 상(賞)'이라는 사내 표창 제도도 모티베이션 갭이 표면화한 것 가운데 하나로 도마 위에 올랐습니다. 사장님을 비롯한 간부들은 상을 주면 경쟁의식이 싹터서 사내 활성화에 도움이 되리라고 믿었습니다.

한편, 사원들은 '그런 걸로는 모티베이션이 올라가지 않는다. 오히려 회사가 유도하고 있는 티가 나서 있던 마음도 사라진다'라고 말했지요. 그런데 연구하면서 더욱 흥미로웠던 점이 있습니다. 바로 상을 받은 사원조차 장기적으로는 모티베이션이 올라가기는커녕 내려갈 가능성까지 보였다는 사실입니다.

이유는 횡렬 의식이 강한 젊은이가 자기만 보상을 받는 것에 대해 위화감을 느끼기 때문입니다. 평등 분배가 가장 공정한 분배 방식이라고 생각하는 젊은이에게 강제적으로 차이를 두게 하는 일은 왠지 초조하고, 남들 눈이 신경 쓰이게 만드는 부정적인 요소일 뿐입니다. 따라서 경쟁적 요소가 발생하면 그 근처에도 가려 하지 않습니다. 가령 경쟁을 강요당했다고 해도 절대 온 힘을 다하지 않습니다. 주변을 보면서 평균점을 잡아갈 뿐입니다.

이러한 경향은 다 같이 무언가를 나눠 먹는 등의 일상적인 상황에서도 빈번하게 나타납니다. 대부분의 대학생은 큰 접시에 담긴 음식을 나눠 먹는 방식의 식사를 꺼립니다. 어떻게 해도 깔끔하게 균등 분배할 수가 없기 때문입니다. 누군가 창고형 마트에서 커다란 상자형 티라미수 케이크라도 사 오면 큰일이 납니다. 그걸 열한 명이 나눠 먹어야 한다면 더욱더 큰일이지요. 애초에 아무도 자르려고 나서지 않고, 울며 겨자 먹기로 자르는 역할을 맡게 된 사람은 어떻게 하면 똑같이 11등분을 할지를 두고 진땀을 뺍니다.

여러분이 잊으셨을 수도 있으니 이렇게 되는 이유를 다시 한번 말씀드리겠습니다. 착한 아이 증후군인 젊은이들은 어떤 방식으로든 차이가 생기는 상황을 껄끄러워하기에 특히 과민하게 반응하는 것이 '나만 어떤 이익을 얻는' 상황입니다. 원형을 딱 맞게 11등분 하려고 하는 이유도 적게 받은 사람보다 많이 받은 사람이 곤란하게 될 걸 의식하기 때문입니다. 그래서 이럴 때 저는 이렇게 말합니다.

"나는 교수니까 두 개 먹어도 될까?"

이렇게 하면 12등분 중에 두 조각을 제가 가져가니 문제가 해결되지요. 역시 교수는 한 수 위 아닌가요?

도움을 받아도 갚지 않는다

이 장을 마무리하면서 여러분이 공감할 만한 이야기를 한 가지 더 해보겠습니다. 대학에서 일하다 보면 꽤 자주 뷔페 형식의 친목 모임에 참가하게 됩니다. 주로 학회나 기업과의 교류회 등인데, 학생이 참가할 때도 많습니다. 모임 진행을 도와주기도 하지요.

가끔은 준비한 음식이 금방 떨어지기도 하지만, 대개는 다들 한 손에 음료수를 든 채 서서 이야기에만 열중하느라 음식은 고스란히 남습니다. 그럴 때 사회자가 "한창 분위기가 좋습니다만, 여기서 행사를 마무리하겠습니다!"라고 말한 뒤에 누군가가 "좋았어! 그럼 열심히 도와준 학생들! 마음껏 먹으라고!" 하고 외칩니다. 그러면 "정말요?", "앗싸!" 하며 학생들이 환호하고는 하지요.

그런데 요새는 이런 장면을 찾아볼 수 없습니다. "좋았어! 그럼 열심히 도와준 학생들!"이라는 말을 꺼낸 사람(대개 나이 든 사회인)은 공짜 밥에 신나게 달려드는 학생들의 모습을 상상했을 겁니다. 왜 이런 상상은 빗나갔을까요?

첫째로 배가 고프지 않기 때문입니다. 요즘 같은 세상에 '젊은이는 항상 배를 곯고 있다'라는 이미지를 가지고 있다면, 그 생각은 크게 잘못됐다고 말하고 싶네요. 다음으로 젊은이는 자기 의지로 자기 욕구를 채우는 행위를 부끄럽게 생각하기 때문입니다. 그 부끄러움은 공짜 밥 정도의 이득으로는 도저히 잠재울 수 없습니다.

마지막으로 젊은이는 무언가를 베푸는 행위에는 꿍꿍이가 있다고 생각하기 때문입니다. 예를 들어, 밥을 먹고 나면 "자 그럼 밥을 먹었으니, 끝까지 남아서 정리하고 가도록!" 같은 말을 들을 거라고 생각하는 것이지요.

이런저런 이유로 음식이 남습니다. 음식을 남기면 벌을 받는다고 배운 저를 포함한 옛날 사람들은 남은 음식이 너무 아깝습니다. 그래서 "학생분들, 음식 좀 드세요. 포장 용기를 준비해 드릴 테니 집에 싸가셔도 됩니다"라고 누군가가 말합니다. 간절한 마음을 담아 "남기면 다음 예산이 삭감되니까 제발 꼭 좀 부탁드립니다"라고 거듭 말합니다. 그러면 거의 모든 학생이 움직이기 시작합니다. "열심히 도와준 학생들!"이라고 외치는 케이스와 뭐가 다른지 눈치채셨나요?

바로 '누구 의견으로 행동이 발동하느냐'입니다. 이 부분이 젊은이에게는 매우 중요합니다. 자기 의견으로, 자기 욕구를 채우는 행동은 부끄러운 동시에 빚을 지는 일이 됩니다. 이 상태는 왠지 불안하지요.

요즘 20대는 애초에 도움을 받는 상황을 만들지 않습니다. 도움을 받더라도 그건 도움을 주는 쪽이 도와주고 싶어서 도와준 것이니 그런 거라면 부끄러운 일도, 빚을 지는 일도 아니라고 생각합니다. 오히려 사회 공헌을 한 셈이지요. 그들은 "제발 꼭 좀 부탁드립니다"라는 말에 응해주었을 뿐입니다. 착한 아이 증후군인 젊은이들은 그야말로 '받아먹기 선수'입니다. 여기에 관해서는 나중에 더 자세히 알아보겠습니다.

제3장

내 제안이 채택될까 봐 두려워요

스스로 결정하지 못하는 젊은이들

03

그 친구가 없으면 어색하고 불편해요

여기서 독자분에게 받은 편지 한 통을 소개하겠습니다. 이름은 시즈카라고 하겠습니다.

저는 도쿄에서 대학에 다니는 2학년 학생입니다.

평소에 학교에서 항상 함께 다니는 친한 친구가 저를 포함해 네 명 있는데, 최근에 깨닫게 된 어떤 사실 때문에 조금 고민이 됩니다.

네 명이 함께 있을 때는 괜찮은데, 한 명이 빠지면 분위기가 완전히 달라져 버립니다. 구체적으로는 네 명 가운데 어떤 아이(가령 쇼코라고 하겠습니다)가 있느냐 없느냐에 따라 나머지의 행동이 눈에 띄게 달라집니다.

쇼코가 있을 때는 온종일 마음이 편해서 무척 즐겁게 지냅니다. 수업이 끝난 뒤에도 다 같이 어딘가 들렀다가 집에 갈 때도 많습니다.

반대로 쇼코가 없는 날은 분위기가 좀 가라앉고, 왠지 마음이 무겁습니다. 쇼코 없이는 어디에 들르지도 않지요.

다른 아이들도 이런 분위기를 느끼는지, 요즘에는 쇼코가 학교에 오지 않는 날에는 수업 후에 아르바이트를 잡아놓습니다. 아르바이트가 빨리 돌아갈 구실이 되어주기 때문에 서로 마음이 편하다고 할까요?

이런 분위기를 바꾸고 싶은데 어떻게 하면 좋을까요?

앞으로 3학년이 되면 전공과목이 늘어서 듣는 수업도 각자 달라질 테고, 애초에 학교에 있는 시간 자체가 줄어들어서 만날 시간이 별로 없을 것 같아 불안합니다.

여러분이라면 시즈카에게 어떤 조언을 해줄 건가요? 선택지를 준비해 봤습니다. 이 중에서 몇 번이 여러분의 대답과 가까울까요?

① 그러면 쇼코가 없을 때 네가 용기를 내서 뭔가 제안해 보면 어떨까?

② 너무 신경 쓰지 마. 지금도 충분히 잘하고 있으니까.

③ 어떤 상황인지 알 것 같아. 사실 나도 지금 좀 그렇거든.

속 시원한 ①번 대답과 석연찮은 ③번 대답. 제가 예상하는 결과는 ①:②:③=2:4:4 정도입니다.

①번과 가까운 대답을 생각했다면 여러분은 착한 아이 증후군과 전혀 상관이 없는 사람입니다.

③번에 가까웠다면 어느새 착한 아이 증후군이 발병해 있을 가능성이 있습니다. 만약 시즈카의 행동이나 기분에 완전히 동조했다면 착한 아이 증후군 확정입니다. 앞으로도 공감할 만한 이야기들이 이어지는데, 너무 심각하게 받아들이지 말고 가벼운 기분으로 즐기셨으면 좋겠습니다.

이 장의 주제는 젊은이들의 '결단'과 '제안'입니다. 특히 자기 이외의 누군가가 관계되었을 때, 착한 아이 증후군인 젊은이들은 정말 아무것도 결정하지 못합니다. 따라서 먼저 제안하는 일은 절대 없습니다. 앞의 예시에서 말하자면 쇼코를 제외한 세 명은 '스스로 결정하지 못하는 젊은이'입니다.

내가 나서면 남들이 싫어하지 않을까?

이 장에서는 또 하나의 사례를 소개하려고 합니다. 어느 중학교 야구부 이야기입니다. 참고로 이는 최근에 들은 실화입니다.

체력 기르기에 여념이 없던 2월의 어느 날, 에이스 투수가 고질적인 부상 치료에 전념하기 위해 봄 여름 대회에는 등판하지 않겠다고 발표했습니다. 이와 동시에 감독님은 새로운 투수를 야구부 안에서 지원을 통해 선발하겠다고 밝혔지요.

그런데 일주일의 선발 기간에 지원한 사람은 단 한 명뿐이었습니다. 지원자는 리틀 야구 리그에서 투수를 했던 경험이 있는 학생이었습니다. 다른 학생들도 그 사실을 알고 있었지요.

야구를 하는 사람에게 에이스나 4번 타자는 누구나 좋아하는 동경의 대상이자 영웅입니다. 게다가 이들은 아직 중학생이지요. 너도나도 지원해도 이상하지 않습니다. 그런데도 지원한 사람은 단 한 사람뿐이었습니다. 도대체 왜일까요?

이 사례의 배경에도 역시 스스로는 정하지 못하고, 제안하지 못하는 요즘 아이들의 성향이 작용하고 있습니다. 부원들은 다른 부원이 어떻게 생각할지를 살피고, 그 결과에 따르려 했습니다. 부원들의 속마음을 들여다보면 이렇습니다.

'스스로 지원하다니 진짜 창피하다.'

'어차피 그 녀석이 하지 않을까? 아마 다른 애들도 그렇게 생각할 것 같은데…….'

'감독님의 진짜 의도는 뭘까? 빨리 정답을 알려줬으면 좋겠다.'

독자인 당신이 열정적인 타입이라면 "넌 정말로 야구가 하고 싶은 거야? 지금 안 하면 언제 하려고 그래? 가슴에 손을 얹고 생각해 봐!"라고 말하고 싶어질 겁니다.

다시 말하지만, 그렇게 말하면 안 됩니다. 꽤 높은 확률로 당신이 그리는 방향으로는 흘러가지 않을 테니까요.

결정하기가 두렵다

다시 한번 말하지만 착한 아이 증후군인 젊은이들은 스스로 결정하기 어려워합니다. 특히 타인이 연관되어 있는데 자신이 결정해야 하는 상황은 공포스럽기 그지없습니다. 무언가를 제안하다니 가당치도 않지요.

시즈카의 예에서 그런 심리를 엿볼 수 있습니다. 쇼코를 제외한 세 친구는 서로를 싫어하는 것이 아닙니다. 오히려 서로를 소중한 존재로 생각합니다. 다만 아무도 결정을 내리지 못하고 제안조차 하지 못하기 때문에 유일하게 결정할 줄 아는 쇼코가 없으면 삐걱대는 것이지요. 극단적인 경우 "어떻게 할래?"라고 묻지조차 못합니다. 물어보는 것 자체가 긴장감을 불러오기 때문입니다. 여기서 다음과 같은 질문이 떠오를 겁니다.

- 왜 스스로 결정하거나 제안하기가 두려운가? 두려움의 근원에는 무엇이 있나?
- 젊은이라도 살다 보면 무언가를 결정해야만 하는 순간이 반드시 올 텐데, 그럴 때는 어떻게 할까?

지금부터 이 두 가지 질문에 답해 보겠습니다. 착한 아이 증후군이 어떤 일을 결정하는 방법은 다음 세 가지로 분류됩니다. 제가 관찰한 바로는 거의 예외 없이 세 가지 가운데 하나, 혹은 이것들의 조합으로 성립되어 있습니다.

- 누군가의 결정에 따른다
- 예제를 보고 따라 한다
- 다 같이 결정한다

부모님이 정해주면 열심히 한다

제 모티베이션론 연구에서 자주 인용하는 이론이 있

습니다. 에드워드 데시(Edward Deci)와 리차드 라이언(Richard Ryan)의 '자기 결정성 이론'입니다.

사람의 의욕은 내면에서 솟아나는 것일까요, 아니면 외부에서 부여되는 것일까요? 데시와 라이언은 이런 궁금증을 가지고 연구를 이어갔습니다. 그리고 '내적 보상→내발적 모티베이션, 외적 보상→외발적 모티베이션' 이렇게 의욕의 원천을 두 가지 심리적 보상 체계로 정리했습니다. 다소 개념적이기는 하지만, 직관적이어서 이해하기 쉽습니다.

데시와 라이언은 내발적 모티베이션이 발휘되는 요인은 자율성·유능감·관계성, 세 가지에 있다고 결론지으며 그 가운데서도 자율성이 중심 역할을 한다고 주장했습니다.

여기서는 자세한 내용은 생략하지만 알면 알수록 설득력 있는 이론입니다. 그런데 개인적으로 한 가지 마음에 걸리는 부분이 있습니다. '사람은 모두 자율적으로 행동하고자 한다'라는 전제를 세우고 있다는 점입니다.

사실 스스로 결정하기 싫어하는 사람이 알게 모르게 많지 않을까요? 일상에서도 이렇게 느끼는 순간이 많습니다. 특히 타인에게 어떤 영향을 미칠 때 그렇지요. 일본인은 '오늘 저녁밥 어떻게 할까?', '주말에 어떻게 할까?' 같은 매우 간단한 일에도 자기 의견 전달하기를 회피하는 경향이 점점 강해지고 있습니다. 필자가 아는 한, 특히 요즘 젊은이들은 그런 경향이 두드러집니다.

여기서 이런 주장을 뒷받침할 만한 데이터를 하나 더 소개하겠습니다. 자기 결정 회피라는 논설이 특히 흥미로운 쉬나 아이엔가(Sheena Lyengar)의 『선택의 심리학(The Art of Choosing)』을 인용하려고 합니다.

아이엔가를 비롯한 연구진은 샌프란시스코에서 초등학교에 다니는 만 7세부터 9세까지의 아시아계와 유럽계 아이들을 대상으로 실험을 진행했습니다. 먼저, 아이들에게 무작위로 늘어놓은 문자의 순서를 바꿔 단어를 만드는 게임을 하게 했습니다. 이때 연구진은 아이들을 세 개의 그룹으로 나눴지요. 첫 번째는 하고 싶은 문제를 스스로 선택하는 그룹, 두 번째는 연구진이 문제를 선택해 주는 그룹, 마지막은 각자의 엄마가 고른 문제를 푸는 거라고 말해 준 그룹이었습니다.

실제로는 두 번째와 세 번째 그룹의 문제는 첫 번째

그룹 아이들이 선택한 문제와 같은 것을 사용합니다. 이걸로 모든 그룹이 완전히 똑같은 문제에 도전하게 됩니다. 다른 것은 '누가 문제를 선택했느냐'에 대한 아이들의 인지뿐입니다.

실험 결과, 모든 그룹의 아이들이 비슷한 정도의 높은 정답률을 보였습니다. 하지만 진짜 실험은 이제부터입니다. 연구진은 게임이 끝난 뒤에 일부러 아이들이 문제에 도전할 수 있는 환경을 남겨 둔 채, 휴식 시간을 줍니다. 그리고 밖에서 아이들이 추가로 어느 정도의 시간을 문제의 해답을 찾는 데 사용하는지 몰래 측정했습니다.

공이 많이 들어가는 실험이지만 이렇게 함으로써 단순하게 아이들의 문제에 대한 내발적 모티베이션의 강도를 '자유 시간을 사용하는 방법'이라는 대리 변수를 가지고 가시화할 수 있습니다. 반복하지만 다른 것은 '누가 결정했느냐' 하는 아이들의 인지뿐입니다. 그 결과를 나타낸 것이 도표 3-1입니다.

유럽계 아이들은 스스로 문제를 결정한 그룹이 가장 오랜 시간 동안 문제 풀이에 도전했습니다. 실험자가 선택했다고 전달한 그룹 및 엄마가 선택했다고 전달한 그

도표 3-1 과제 선택자 인지와 내발적 모티베이션 강도의 관계

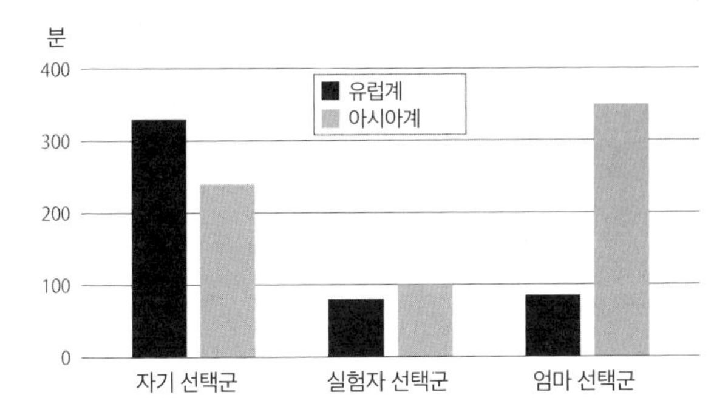

출처 : Iyengar and Lepper, 1999

룹은 모두 비슷한 정도였지요. 한편, 아시아계 아이들은 엄마가 선택했다고 전달한 그룹이 가장 오랜 시간 문제를 풀었습니다. 다음은 스스로 선택한 그룹, 마지막은 실험자가 선택한 그룹이었지요.

어째서 아시아권에서는 '엄마가 정했다고 인지하는 것'이 커다란 의욕으로 이어지는 걸까요? 필자를 포함해 누구도 과학적으로 입증할 만한 이론을 도출하지 못하고 있습니다.

아이엔가는 자신이나 타인에게 불이익이 되는 결과

를 초래했을 때, 사람은 스스로 선택한 것을 후회하거나 선택 그 자체를 피하려고 하는 심리가 발동한다고 주장합니다. 무언가를 선택함으로써 어떤 불이익이 발생할 가능성이 있다고 생각하면 '내가 선택하고 싶지 않다, 누군가가 정해주는 게 편하다'라는 심리가 작용하는 것이지요.

도표 3-2 고등학생의 자기 긍정감에 관한 조사 결과

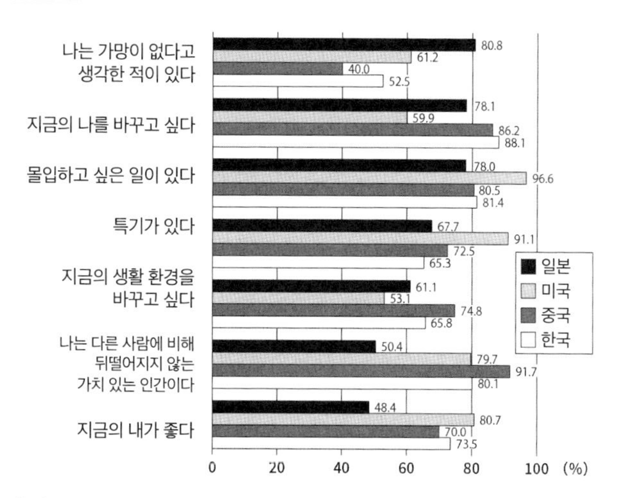

출처 : 국립 청소년 교육진흥기구 '고등학생의 유학에 관한 의식 조사 보고서'(2019)

이 심리는 아이뿐 아니라 어른에게도 작용합니다. 대학생이라면 직장 선택이 전형적인 예가 되겠지요. 직장조차 자기가 선택하지 않으려고 하는 학생이 정말 많습니다.

하지만 취직처럼 인생의 갈림길에서 하는 중요한 선택이라면 몰라도, 지금 이 책은 일상적인 선택도 포함해서 이야기하고 있습니다. 착한 아이 증후군인 젊은이는 '오늘은 밖에서 점심 먹자'라는 말도 꺼내기 어려워합니다. 친구 사이에서조차 말이지요. 말할 수 있다고 한다면 그것이 루틴인 경우뿐입니다. 루틴이기에 자신의 제안이 아니지요. 일찍이 초등학교와 중학교 교사들과 이에 관해 토론한 적이 있습니다. 가장 많이 나온 의견은 '자신이 없어서가 아니겠느냐' 하는 것이었습니다. 그도 그럴 것이 데이터를 보면 일본 아이들의 자신감 없음이 두드러지게 나타나고 있습니다.

다른 나라와 비교했을 때의 특징으로 '나는 가망 없고 가치 없는 인간이다. 지금의 나를 좋아하지 않는다'를 꼽을 수 있는데, 이래서는 자기가 결정하기를 두려워하는 것도 무리는 아니지요. 자신감이 없고 겁도 많습니다. 이는 7장의 주제이니 꼭 기억해주시기를 바랍니다.

젊은이들의 필승 전략 '따라 하기'

다음으로 예제를 보고 따라 하는 결정 방식으로 이야기를 옮겨가 봅시다. 젊은이들에게는 강력한 행동 3원칙이 있습니다.

① 제시된 예제를 상당 부분 참고한다.

② 예제가 없으면 기본적으로 아무것도 못 한다(안 한다).

③ 누군가 참고 예제를 제시해 주기를 몹시 바란다.

다음과 같은 에피소드가 있습니다. 어느 회사에서 상사가 신입사원들에게 어떤 업무를 맡기면서 방법을 한 차례 설명하고, 모르겠으면 언제든지 물어보러 오라고 말했습니다. 물론 잠깐 가르쳐줬다고 쉽게 할 만한 업무는 아니었지요.

그런데 신입사원들은 질문을 하러 단 한 번도 찾아오

지 않습니다. 이유가 뭘까요? 상사가 무서워서일까요? 그런 이유도 있을 수 있겠지요. 그렇다면 에피소드 설정을 조금 바꿔보겠습니다. 일을 맡긴 상사는 사근사근하면서도 재밌는 사람입니다. 이제 신입사원들이 질문하러 올까요? 역시 오지 않습니다. 왜 그럴까요?

답은 간단합니다. 사실 당신은 이미 답을 알고 있습니다. 정답은 행동 3원칙 ①과 ②에 있습니다. '질문하는 방법에 관한 예제를 받지 못해서'가 그 이유지요. 그런데 안타깝게도 대부분의 상사는 이 정답에 도달하지 못합니다. 그리고 그대로 시간이 흘러 맡긴 업무의 마감이 다가오지요. 기다리다 지친 상사는 자리를 박차고 일어나 다음 중 하나를 연기합니다.

"왜 곧장 질문하러 오지 않았지? 귀중한 시간을 낭비하면 안 되는 거 아닌가?"

"자네들은 못하는 게 당연한 거야. 뭐든지 물어보러 와도 괜찮아."

착한 아이 증후군에 걸린 신입사원들의 반응은 둘 중 하나일 겁니다.

- 다음부터 온갖 질문을 하러 온다(그러도록 지시받았으니까).
- 역시 아무것도 물어보러 오지 않는다(왜냐하면 질문하는 방법에 관한 예제를 알려주지 않았으니까).

당신은 무심코 언성을 높이며 속마음을 털어놓겠지요. "머리는 뒀다 어디에 쓰려고 그래? 자기 머리로 좀 생각해 봐!" 그 말 역시 아무 의미도 없습니다. 당신은 자기 머리로 생각하는 방법의 예제를 제시하지 않았으니까요.

그들에게 SNS 속 인플루언서의 존재란

요즘 젊은이의 상품 선택 기준에 관한 이야기를 해보려고 합니다. 그중에서도 인플루언서가 유행을 주도하는 이유를 알아보겠습니다.

참고로 "인플루언서가 뭐예요?"라고 묻는 분들을 위해 간단하게 설명하겠습니다. 인플루언서란 주로 SNS를 통해 세상에 큰 영향력을 전파하는 인물을 가리킵니다. 어원은 영향을 준다는 의미인 'Influence'입니다.

유명 연예인이나 운동선수를 연상하는 이가 많을지도 모릅니다. 비율로 봤을 때는 그런 부류의 유명인이 많지만 일반인도 점차 늘어나는 추세입니다. 일반인이라도 소비자의 입장이나 시선을 반영해서 유쾌하고 즐겁게 정보를 전달하는 스킬을 획득하면 많은 팔로워가 생깁니다.

요즘 대학생이 화장품을 구입할 때 활용하는 정보원을 살펴보면 도표 3-3에서 보듯이 SNS가 눈에 띄게 높

도표 3-3 스킨케어 상품에 관한 주요 정보원

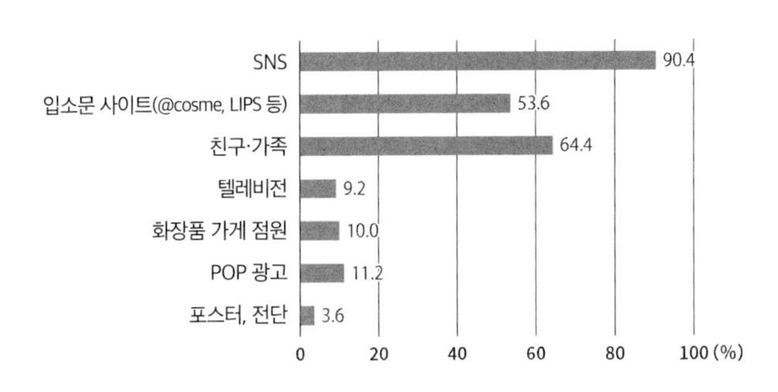

출처 : 오쿠무라 오토메, 야마모토 미사키 〈스킨케어 상품에 특화된 화장품 가치의 체계화〉 가나자와대학 인문 사회 경제학 졸업 논문(2020)

습니다. 구글로 대표되는 웹사이트 검색은 '구글링'이라고 불리며 검색의 대명사가 되었지만 요즘 젊은이는 그렇게 자주 사용하는 것 같지는 않습니다. 최신 유행이나 인기 등을 알아볼 때는 인스타그램, 교통 기관 연착이나 휴강 소식 등 지금 일어나고 있는 일을 알고 싶을 때는 트위터, 공식 사이트에 갈 때는 구글, 이런 식으로 구분해서 사용합니다.

또, 라인(LINE, 일본에서 가장 많이 사용하는 모바일 메신저로 우리나라로 치면 카카오톡에 해당한다—역자 주)을 젊은이들이 가장 많이 쓰는 어플이라고 생각하는 분도 많겠지만, 최근에는 그렇지도 않습니다. 요즘 젊은이들 사이에서는 인스타 스토리나 다이렉트 메시지 기능 사용량이 증가하는 추세입니다. 일대일 대화나 통화에 대한 심리적 장벽이 높아지고 있기 때문입니다.

아무것도 선택하고 싶지 않아요

요즘 젊은이들은 왜 이렇게까지 SNS 정보에 의존할

까요? 그 답을 찾기 위해 SNS처럼 소비자 발신형 미디어의 반대편에 있는 제공자 발신형 미디어와 비교해 보겠습니다.

매스미디어를 중심으로 한 종래의 프로모션은 일방통행으로 정보를 전달하는 방식이 일반적이었습니다. 이런 방식의 문제점을 꼽을 때는 '상호 간 소통이 불가능한 것'을 가장 먼저 들고는 하지요.

하지만 저는 일방통행형 매스미디어의 문제점은 소비자가 받아들인 정보를 스스로 해석해야 하는 점에 있다고 생각합니다. 좋아하느냐 싫어하느냐, 옳으냐 그르냐. 이런 매우 간단한 물음에 대해서도 요즘 젊은이들은 일단 자기한테 '공이 쥐어진다는 사실' 자체에 거부감을 느낍니다.

그래서 젊은 소비자에게 아무리 유익한 정보를 제공해도, 그것이 구매로 연결된다는 보장이 없는 것이지요. 오히려 정보를 제공하면 할수록 의사결정에서 점점 멀어질 가능성이 있습니다. 이는 비단 젊은이에게만 해당하는 이야기가 아닙니다. 세대와 상관없이 사람은 직감적으로 의사결정 하는 걸 편하다고 느끼기 때문입니다.

레스토랑에 가서 가게 점원이 추천하는 메뉴를 소개했을 때와 그 가게에 데리고 간 친구가 "이거 진짜 맛있었어"라고 말했을 때의 차이를 상상해 보시기 바랍니다. 전자의 경우, 당신은 일단 그 정보를 받아들이게 됩니다. 그리고 추천 요리의 가격이나 점원의 가치관 등 많은 것을 감안해서 의사결정을 해야 합니다. 그에 비해 후자의 정보는 더 순순히 받아들이겠지요. 자신과 가치관이 맞는 친구의 추천이라면 망설일 이유가 없을 테니까요.

심리학에서는 가게 점원이 제공하는 정보에 대해 고객은 '자기들(가게 측) 사정에 맞게 구성한 게 아닐까' 하는 편견을 갖게 된다고 지적합니다. 물론 그런 면도 있겠지요. 하지만 저는 요즘 젊은이들에게는 스스로 결정하는 스트레스가 큰 영향을 주고 있다고 생각합니다.

SNS에 올라와 있는 소비 체험이나 인플루언서의 정보는 이쪽으로 공을 던지지 않지요. 따라서 공을 넘겨받아 숙고하고 스스로 의사결정 하는 프로세스가 없습니다. 보고 나면 그대로의 감각으로, 스스로 결정하는 스트레스 없이 구매에 이를 수 있지요. 요즘 젊은이들은 스스로 결정하는 것에 그만큼 저항을 느낍니다.

최고의 해답, "다 같이 정했습니다"

마지막으로 '다 같이 정했습니다'라는 말에 관한 이야기를 해 보겠습니다. 보통 대학 생활에서 무언가를 결정해야 하는 상황을 들자면 과제 발표 순서나 세미나 담당 교수님의 생신 선물을 어떻게 할지 정도겠지요. 어떤 교수가 생일에 학생들에게 롤링 페이퍼를 받았다고 해 봅시다. 교수는 기쁜 마음에 "고맙다! 이건 누구 아이디어야?"라고 묻고 싶어집니다.

그런데 이렇게 물으면 한결같이 "다 같이 정했어요"라는 대답이 돌아옵니다. 이 '다 같이 정했다'라는 분위기를 자아내는 것은 요즘 대학생들에게 매우 중요한 프로세스입니다. 매우 중요하기 때문에 실패는 절대 용납할 수 없습니다. 따라서 이 프로세스는 매우 세밀하고, 고도의 전략에 기반합니다. 예를 들어 이런 느낌입니다.

- 스텝 1 : 교수님께 생신 선물을 드릴지 말지 지나가는 말을 하듯이 친구에게 이야기합니다.

→ 스텝 2 : 반응이 괜찮았다면, 셋이 생각했다면서 다른 세미나 동료에게도 말합니다.

→ 스텝 3 : 이런 느낌으로 학생 전원에게 찬성을 얻으면 어떤 선물이 좋을지 한 사람씩 의견을 내도록 합니다.

→ 스텝 4 : 모인 의견 가운데 어디까지나 객관적이고 합리적이고 논리적인 이유를 대서 '지갑으로 하자'라고 최종적인 결정을 내립니다.

특히 절묘한 부분은 스텝 4인 의논 파트입니다. 어디까지나 객관적인 의견을 제시하려고 노력해야만 합니다. 나중에 '최종적으로 ○○군의 의견으로……'라는 말이 나오면 큰일이니까요. 자기 제안이 선택되는 일만은 피해야 합니다.

반대로 제가 꼭 그렇게까지 해야 하나 싶은 부분은 스텝 3인 한 사람씩 의견을 내는 제도입니다. 그렇게까지 평등과 균등에 집착해야 할까요?

내 탓이라고 하면 어쩌지?

여기서 다시 한번 요즘 젊은이들이 '결정'이라는 행위에 강한 공포와 스트레스를 느끼는 이유를 생각해 봅시다. 그들의 심리를 상상하지 못하는 사람이라면 "생각이 너무 많네. 누가 뭐라고 했는지 일일이 기억하는 사람이 어디 있다고 그래? 신경 안 쓰면 그만이야"라는 말로 정리하려 하겠지만, 그런 건 착한 아이 증후군인 젊은이들 역시 알고 있습니다. 그렇지만 역시 '나중에 내 탓이라고 하면 어쩌지?', '나를 이상한 사람이라고 생각하면 큰일인데' 같은 불안을 느끼는 것이지요.

예전에 저는 '그 피곤한 과정에서 학생들을 해방해 줘야겠다'라는 다소 건방진 생각으로 제자의 마인드셋 전환을 몇 차례 시도한 적이 있습니다. 할 때마다 족히 한 시간씩은 투자했는데 요약하면 이런 느낌입니다.

"예를 들어 자네가 동아리 단톡방에서 담당 교수님께 생신 선물을 하자고 제안한다고 해 보자. 그건 매우 떨리고 용기가 필요한 행위인 걸 알아. 보낸 순간부터 안 읽은 사람을 표시하는 숫자가 얼마나 사라지는지 두근

두근해서 스마트폰을 옷장 안에 처박아버리고 싶어질지도 모르지. 하지만 스마트폰을 정말로 처박아버리고 나면 이번에는 꺼낼 때 지금보다 더 떨릴 거라는 사실은 쉽게 예상할 수 있을 테니 그렇게도 못 할 거야.

자네는 '아, 누가 빨리 답장 안 해 주나? 아무한테나 미리 연락해서 바로 답장해달라고 부탁해 둘 걸 그랬어. 숫자가 줄어든 걸 보니 본 사람도 있을 텐데. 아직 반응이 없다는 건 분명 내가 뭔가 잘못한 걸 거야. 아니면 내가 얼토당토않은 말을 꺼낸 건가? 아, 더는 못 기다리겠어. 마음이 너무 불편해서 못 버텨. 그래, 차라리 보낸 메시지를 삭제하자!' 하게 되겠지.

그런데 만약 다른 누군가가 자네와 완전히 똑같은 행동을 한다면, 자네는 그걸 보고 '별난 놈도 다 있네'라고 생각할까? 만약 실제로 그 제안이 좀 생뚱맞다고 해보지. 그렇다고 자네는 그 제안자를 이상한 녀석이라고 생각할까? 아마 그렇지 않겠지.

그러니까 결국 본인은 절대 품지 않는 감정이나 생각을 다른 사람은 하고야 말 것이라고 망상하며 두려워하고 있는 것뿐이야."

하지만 이 얄팍한 마인드셋 전환 작전은 대개 이런 대답으로 끝이 났지요.

“그거야 저도 알죠. 알고 있지만, 막상 제가 할 때는 그런 생각이 드는 걸 어쩌겠어요?”

이쯤 되면 일종의 피해망상 아닐까요? 어찌 되었든 착한 아이 증후군인 젊은이들은 생각보다 훨씬 만만치 않습니다. 어지간한 이론으로는 굴복시킬 수가 없지요.

궁극의 받아내기 선수

일본 해군 장교였던 야마모토 이소로쿠(山本五十六)는 이렇게 말했다고 합니다.

‘보여 줘라 / 말해 줘라 / 하게 하라 / 칭찬하지 않으면 / 사람은 움직이지 않으니’. 이 말은 꽤 유명한데, 저는 묻고 싶습니다.

야마모토 장군님, 정말인가요? 아무리 보여 주고, 말해 줘도 스스로는 꼼짝할 기미조차 보이지 아니합니다. 꼼짝하기는커녕 제가 교육하고 지도할 참이었는데, 어느샌가 주도권이 역전되어서 제가 조종당하고 있을 때도 있지요. 앞에서도 살짝 언급했듯이 결정을 못 하는 요즘 젊은이들은 궁극의 받아내기 선수인 것 같습니다. 젊은이의 주도권 역전 순서를 여기서 공개합니다.

① 먼저 의욕을 보입니다.

② 동시에 올곧고 성실한 젊은이의 분위기를 풍깁니다.

③ 그 외에 불필요한 말은 하지 않습니다.

④ 그 외에 불필요한 행동도 하지 않습니다.

⑤ 사실은 하면 좋을 행동도 안 합니다.

⑥ "이거 알아요? 배운 적 있어요?"라는 질문을 받으면 다시 기다렸다는 듯 ②번 분위기를 풀풀 풍깁니다. 여기까지 오면 80%는 이긴 거나 마찬가집니다.

⑦ 여기서 어떤 대답도 금지입니다. 리액션은 어른들이 가장 원하는 것이니까요.

⑧ 이후, 무조건 ②~⑦을 무작위로 반복합니다. 요컨대 올곧고 성실한 착한 아이 분위기를 뿜어내는 것 외에 아무것도 하지 않는 것이지요.

⑨ 때때로 피곤한 표정이나 못마땅한 표정을 지어 줍니다.

⑩ 골인! 시합 종료. 이제 어른들이 다 해 줍니다.

젊은이 여러분, 죄송합니다. 여러분이 애지중지하는 비법을 공개하고 말았네요. 이제 여러분의 작전은 통하지 않습니다. 이렇게 말하고 싶지만 아마 그렇게 되지는 않을 겁니다. 어른들은 뭐든 대신해 주는 건 좋지 않다고 어렴풋이 알고 있음에도 불구하고, 자기도 모르게 도움을 주게 되어 있으니까요. '무언가 해 주고 싶은 욕구=어른의 자기 효능감'을 젊은이들은 보기 좋게 조정합니다. 정말 절묘한 테크닉입니다. 테크닉은 사용하면 사용할수록 숙련됩니다. 이렇게 해서 받아내기 선수가 탄생하지요.

어른이 이 흐름을 바꾸고 싶다고 절실히 바란다면, 방법은 간단합니다. '해 주고 싶은 욕구'를 봉인하는 것이지요. 그 방법밖에는 없습니다. 젊은이들의 편에서 말하자면 그들은 해 주고 싶어 하는 어른들의 욕구를 채워 주고 있는 것에 불과합니다. 그들은 잘못한 게 전혀 없어요. 반복하지만 이 흐름을 바꾸고 싶다면 절대로 어른이 먼저 도와줘서는 안 됩니다. 가르쳐 줘도 안 됩니다.

요컨대 아무것도 해주면 안 된다는 말입니다.

그렇지만 그들의 정교한 기술은 계속해서 당신의 온갖 욕구를 흔들고, 행동을 유도할 것입니다. '이 아이는 정말 아무것도 모르는 게 아닐까?', '내가 아무것도 안 하면 장래에 나쁜 영향을 줄지도 몰라', '아무것도 안 해주면 나중에 후회할 일이 생길 것 같은데?' 이런 생각을 꾹 참는 확고한 의지와 전략이 필요합니다.

"함부로 나서지 마라.
지나친 호의는 오히려 짐이 된다."

_ 발타자르 그라시안

제4장

붕 뜨면 어쩌나 늘 걱정이에요

보험에 보험을 거는 인간관계

세상에서 제일 어려운 점심 메뉴 고르기

또 상상하게 해서 죄송하지만, 대학 생활에 적응한 여러분이 2교시 수업을 마치고 다음 수업 전에 점심을 먹으려 한다고 해 봅시다. 평소에 점심을 거르는 편이거나 도시락을 싸다니는 사람도 있을지 모르지만, 일단 그런 문제는 제쳐 뒀으면 좋겠습니다. 당신은 친구와 둘이 교내 식당이 있는 건물로 가려고 합니다. 이때 먹거리를 확보하는 방법은 다음 세 가지 가운데 하나입니다.

① 학생 식당에서 식사 : 학생 식당은 그 말이 주는 울림처럼 기본적으로 획일적이고 안정된 메뉴가 주를 이룹니다. 세트로 먹으면 5,000원 정도 입니다.

② 교내 매점에서 구입 : 매점에는 잘 팔리는 빵과 주먹밥, 문구류가 아무렇게나 진열되어 있습니다.

③ 민간에서 운영하는 푸드 트럭 이용 : 며칠 전부터 동남아 요리를 도시락 상자에 담아서 6,300원에 판매하고 있습니다. 주변에서 풍기는 좋은 냄새의 출처는 아무래도 이 푸드 트럭인 것 같습니다.

여러분이라면 어떤 점심을 선택하겠습니까? 만약 여러분이 회사원이라면 ③번이 매력적으로 느껴질지도 모릅니다. 친구들에게 빈 강의실에서 함께 먹자고 제안할 수도 있겠지요.

②번도 학생들이 할 법한 선택이지만, 이건 주로 남학생이 고르겠지요. 특히 '배만 채울 수 있다면 아무거나 상관없다. 빨리 먹고 게임이나 하고 싶다'라는 이공계 남학생이라면 특히 그럴 겁니다(제 경험담입니다).

①번을 선택하는 사람은 기본적으로 학식을 먹는 것

이 일상화된 사람일 겁니다. 오늘날 대학생이 어떻게 먹는지는 아무래도 좋습니다. 여기서 중요한 것은 ①번부터 ③번까지의 선택지에는 각각 다음의 조건이 붙어있다는 사실입니다.

① 식당에는 긴 줄이 있습니다. 다만, 다음 수업 시간에 늦을 만큼은 아닌 것 같습니다.
② 매점에도 마찬가지로 긴 줄이 있습니다. 이쪽이 더 깁니다. 단, 계산 속도는 빠른 편입니다.
③ 푸드 트럭에는 아무도 없습니다.

이렇게 되면 역시 ③번이 유력할까요? 슬슬 이거나 사서 들어가 먹자고 말해볼까요? 실제로 대부분의 학생들은 ②번 구매 행렬의 맨 끝에 줄을 섭니다. 제가 관측한 바에 따르면 그건 어쩌다가 그런 것이 아니라 월요일도, 화요일도, 수요일도, 그리고 상황은 다르지만 다른 대학에서도 비슷한 현상이 나타납니다. 이렇게 해서 긴 줄만 더 길어지는 이상한 광경이 캠퍼스 안에서 펼쳐지는 것이지요.

튀지 않으려고 줄을 선다

여러분은 이 상황을 어떻게 해석하시겠습니까? 객관적인 데이터를 바탕으로 다양한 해석이 가능합니다. 요즘 대학생은 과거에 전례가 없을 만큼 보호자에게 받는 생활비가 적습니다. 반면에 학자금 대출률은 해마다 최고치를 경신하고 있지요. 상황이 이렇다 보니 100원이라도 싸게 점심을 때우려는 건 당연합니다. 푸드 트럭의 6,300원은 너무 비싸지요.

혹은 이런 상상도 해볼 수 있습니다. 많은 학생이 동남아 요리를 첫날 먹어봤는데 그다지 맛이 없었거나, 매점에서 빵 두 개를 사면 하나를 더 준다거나 하는 경우 말이지요. 하지만 필자의 해석은 이 중 어느 것도 아닙니다. 제가 이 사례를 들어 논하고 싶은 것은 이 장의 소제목에도 나오는 '튀면 어쩌나' 하는 심리입니다.

요즘 대학생이 이 푸드 트럭에 가까이 가지 않는 이유는 '튀기 때문'입니다. 캠퍼스 안은 강력한 규제로 묶여 있습니다. 민간기업은 기본적으로 캠퍼스 안에서 영업 활동을 할 수 없지요. 푸드 트럭 주인은 아마 굉장한 노력과 교섭을 통해 교내 영업권을 따냈을 겁니다. 마케팅론의 관점에서 그 노력은 보상받아 마땅한 비용입니다. 성공하면 그곳은 그야말로 블루오션이지요. 학생들이 끊임없이 음식을 사러 오고, 교내 Wi-Fi를 타고 해당 푸드 트럭에 관한 근사한 스토리가 인스타그램에 계속해서 업로드된다면…….

그런데 이런 푸드 트럭 주인의 꿈은 착한 아이 증후군의 '튀고 싶지 않다'라는 심리에 의해 한순간에 깨집니다. 이 장에서는 특히 요즘 대학생의 옆으로 줄 서기 문화에 초점을 맞춰서 얼핏 모순된 것처럼 보이기도 하는 그들의 심리를 살펴보려고 합니다.

가장 두려운 시간은 자기소개 시간

대학 소규모 수업이나 세미나 활동에서 가장 불편한 시간으로 자기소개를 꼽는 학생이 적지 않습니다. 이렇게 말하면 '부담스러울 만큼 자세한 자기소개 과제를 주나 보네' 하고 착각하는 사람도 있겠지만, 그렇지 않습니다. 한 사람당 1분 정도 되는 매우 간단한 자기소개를 준비하면 됩니다.

여기까지 읽었다면 벌써 아셨을 겁니다. 요즘 학생들이 자기소개를 싫어하는 이유는 예상하셨듯이 튀고 싶지 않기 때문입니다. 따라서 '한 사람당 3분!'이라고 말하면 삽시간에 긴장감이 감돕니다.

그들에게는 어떤 말을 하느냐 만큼 중요한 게 '몇 번째로 말하느냐'입니다. 여기서 이 책에 자주 등장하는 착한 아이 증후군 판정 퀴즈를 내볼까요? 가령 여덟 명이 모여있다고 해봅시다.

"자기소개 순서는 지금부터 원하는 번호를 선착순으로 고르는 걸로 할게요"라고 담당 교수가 학생들에게 공지했다고 해봅시다. 그러면 어떤 반응이 돌아올까요?

"저는 맨 끝으로 할게요!"라는 목소리가 차례로 들려올까요? 아니면 중간쯤(4, 5번째)부터 채워질까요? 모두 틀렸습니다.

정답은 '침묵이 찾아온다'입니다. 이유는 앞 장에서 말한 것과 같습니다. 아무리 사소한 일이라도 자기가 먼저 말문을 열고 제안하는 일은 공포 그 자체입니다. 따라서 착한 아이 증후군인 젊은이는 절대로 먼저 말하지 않지요. 한 차례 침묵이 지나간 뒤, 어쩔 수 없이 교수가 다시 한번 말합니다.

"그러면 출석 번호 1번 아오지 학생, 몇 번째로 할래요?"

여기서 또 한 번 퀴즈를 내겠습니다. 아오지 학생은 몇 번째라고 답할까요? 고르기 쉽게 선택지를 드리겠습니다.

① 1번

② 2~4번

③ 5~7번

④ 8번

정답은 ③번입니다. 이 부근이 요즘 대학생이 생각하는 튀지 않는 포지션이라는 뜻이겠지요. 그 후로도 순서는 채워지고, 당연히 마지막에 남는 것은 ①번입니다. 이렇게 해서 간신히 순서가 정해졌습니다. 교수는 이미 가벼운 두통을 느꼈겠지요. 정신을 차리고 자기소개를 시작해 봅시다.

과연 어떤 내용의 자기소개를 듣게 될까요? 이 부분은 퀴즈 형식의 문제를 내기 어려우니 곧바로 결과를 발표하겠습니다. 그런데 이 장에서는 이게 더 중요합니다. 정답은 '첫 번째 사람의 자기소개 내용을 그대로 따라 한다'입니다. 두 번째 학생부터는 첫 번째 학생이 말한 내용, 정확히는 언급한 항목을 고스란히 복사합니다. 상상되시나요? 예시를 들어 보겠습니다.

"이카리 겐지입니다. 가나가와에서 왔습니다. 요리 연구 동아리를 하고 있습니다. 잘 부탁드립니다."

"네, 다음 사람이요."

"요코나미 레이입니다. 이시카와에서 왔습니다. 동아리는 안 들었습니다. 잘 부탁드립니다."

듣고 있는 제가 다 부끄러워질 정도로 완벽하게 베꼈습니다. 저는 오히려 부끄러워하지 않는 모습이 놀라울 따름입니다. 하지만 학생들에게는 그런 것보다 개성을 드러내는 것에 대한 저항감이 더 큽니다. 참고로 다음처럼 말하면 착한 아이 탈락입니다.

"다테나미 아스카입니다. 가나자와에서 나고 자랐습

니다. 동아리는 안 들었지만, 고깃집에서 아르바이트하고 있습니다. 앞으로 열심히 하겠습니다."

변형을 너무 많이 했습니다. 첫 번째 자기소개와 뭐가 다르냐고 할지도 모르지만 이 정도도 그들에게는 충분히 '모난 돌' 수준입니다.

참고로 불행히 첫 번째 순서였던 학생의 자기소개는 아마 과거 고등학교 시절 등의 경험을 답습한 것이었을 겁니다.

이제는 '자의식 과잉' 이라고도 안 한다

이 책은 요즘 많은 젊은이가 보이는 성향에 '착한 아이 증후군'이라는 이름을 붙이고, 이를 바탕으로 그들의 심리를 객관적으로 통찰하는 것을 목표로 합니다. 당연하겠지만 여기에 해당하지 않는 젊은이도 있습니다. 예를 들어 자기소개에서 자기 나름의 흔적을 남기려고 하는 학생도 있지요.

예전에는 이런 학생을 두고 '자의식 과잉'이라고 했습

니다. 그 뉘앙스는 누가 봐도 '이상한 아이'라는 의미를 내포합니다. 하지만 지금은 '자의식 과잉'이라는 말조차 하지 않습니다. 요즘 학생들에게는 지나치게 직접적인 표현이기 때문입니다. 부정적인 의미가 너무 확실하게 담겨 있으니까요.

지금은 완곡하게 '대단한 사람들' 정도로 표현합니다. 착한 아이 증후군인 젊은이는 부정적인 의미를 포함한 표현을 그다지 선호하지 않습니다. '이상한'도 지나치게 공격적이라 긴장을 유발합니다. '아싸(아웃 사이더)'라는 표현은 주로 자기를 표현할 때 자학적인 의미로 사용하고는 합니다.

물론 '대단한 사람'에도 자의식이 높다는 뉘앙스가 약간 들어 있습니다. 따라서 학생들은 공부나 과외활동에 관해 동급생에게 '대단하다'라는 말을 들어도 그다지 기뻐하지 않습니다. 오히려 싫어하지요.

SNS에는 무엇을 올릴까?

요즘 일본에서 널리 쓰이는 SNS는 페이스북, 트위터(현재 'X'), 인스타그램, 틱톡, 그리고 라인 정도일 겁니다. 그 가운데 페이스북은 이용자의 고령화가 가장 많이 진행되고 있고, 트위터는 탄생이 빨랐던 것치고는 젊은이를 포함한 모든 세대에게 받아들여지고 있습니다.

여기서 착안점은 '익명성'과 '과시'입니다. 젊은이에게 익명성의 효과는 1장에서도 언급했으니 여기서는 간단하게 넘어갑시다. 페이스북이 고령화하는 이유를 젊은이 입장에서 설명하자면 '실명 중심'이기 때문입니다. 청년 문화를 논하는 지식인들은 '실명을 중심으로 한 SNS는 젊은이에게 실제 사회를 지나치게 반영하는 느낌을 주지요. 그들은 폐쇄된 느낌이 감도는 리얼한 사회와는 다른 세계를 원합니다.'라고 해석하곤 합니다.

하지만 '다른 세계를 원한다'라는 얼핏 설득력 있어 보이는 설명은 사실 초점을 잘못 맞춘 설명입니다. 다수의 대학생이 원하는 것은 다른 세계 같은 게 아니니까요. 그들은 현실 세계의 연결을 온라인으로 대체하기를 원할 뿐입니다. 본인들이 구축한 좁은 세계가 흥미 대상의 전부입니다. 그들의 의식이 향하는 범위는 인터넷 건너편의 바깥 세계가 아니라, 아주 가까이에 있는 몇몇 친구뿐이지요.

다음으로 '과시'에 대해 이야기해 봅시다. 흥미롭게도 일본인 학생이 올리는 피드와 유학생이 올리는 SNS 피드는 크게 다릅니다. 유학생들의 피드는 사진이나 스토리나 티가 날 정도로 과시를 의식하고 있습니다. 이게 정말 본인인가 의심이 될 정도로 심하게 보정한 사진도 심심치 않게 볼 수 있지요. 반면 요즘 일본인 학생의 사진에는 그런 경향은 보이지 않습니다. 올릴 사진을 고를 때 가장 신경 쓰는 것은 '함께 찍은 사람이 어떻게 나왔느냐'입니다.

보여줄 상대가 실제 세상의 사람인 이상 SNS에 올리는 사진, 영상, 해시태그에 이르기까지 가까운 주변 사람에 대한 심리적 배려가 강하게 작용합니다. 친구 네 명이 함께 테마파크에 가서 사진을 잔뜩 찍었다면 어떤 사진을 스토리에 올릴까요? 수많은 사진 가운데 사기가 유독 잘 나온 사진이 있더라도 나머지 모두가 괜찮게 나온 사진이 아니면 안 됩니다. SNS 사진을 고를 때도 착한 아이 증후군인 젊은이는 보험에 보험을 듭니다.

문제는 누구부터 눈에 띄느냐

극단적으로 좁은 관계성이 의식 대상의 전부라는 것은 착한 아이 증후군의 특징적인 성향 가운데 하나이기에 조금 더 깊게 파 보겠습니다. 요컨대 문제는 누가 먼저 눈에 띄느냐입니다. 눈에 띄는 것 자체가 문제는 아닙니다. 자의식 과잉인 것도, 하물며 다른 사람에게 칭찬받는 것도 문제가 되지는 않지요. 다만 그런 사실을 자기가 속한 좁은 커뮤니티의 사람들에게 들키는 일이 공포스러울 뿐입니다.

필자는 이 책에서 자주, 그리고 의식적으로 '공포'라는 단어를 사용합니다. 이런 표현에 위화감을 느끼는 사람도 있을지 모르지요. 그런데 착한 아이 증후군인 젊은이에게 깃드는 감정을 표현하기에 공포만 한 단어가 없습니다.

물론 그들에게도 다른 무서운 일이 많습니다. 교수님께 혼나는 것, 취업 활동이 잘 안 풀리는 것, 장래를 망칠지도 모른다는 생각 등입니다. 하지만 때에 따라서는 이런 상황 이상으로 자기가 사람들 사이에서 붕 뜨게 되는 것, 자기소개에 실패하는 것, 남들이 '좀 이상하네', '올해도 이상한 녀석이 나타났군' 하고 생각하는 것에 더 큰 공포를 느낍니다.

그런 공포는 순간적이고 갑작스럽게 찾아오기 때문에 매우 강하고, 자동반사적으로 온몸을 지배합니다. 그리고 이런 공포를 체험한 기억은 오래 이어질 뿐 아니라 그 후의 인생까지 지배할 수 있습니다.

요즘 젊은이들은 그런 것에 얽매여서 딱하다고 생각하는 사람도 있을지 모릅니다. 한편으로 정도의 차이는 있겠지만, 제가 하는 말을 직감적으로 아는 사람도 많지 않을까요? 요즘에는 주위 반응에 민감한 사람이 늘고 있습니다. 'HSP(Highly Sensitive Person : 매우 민감한 사람)'나 '예민쟁이'라는 말도 자주 듣게 됩니다.

Hi, Mike! 사건

학창시절 영어 수업 시간에 믿을 수 없을 만큼 유창한 발음으로 교과서를 읽는 학생이 있었습니다. 어느 나라인지는 잊어버렸지만 교포 출신이었지요. 아마 중학교 2학년 1학기가 끝날 무렵에 전학 왔던 것 같습니다. 친구와 “이 시기에 전학생이라고?” 하며 놀랐던 기억이 있는데, 외국의 학사 제도를 생각하면 7월에 합류하는 것이 보통이었는지도 모르겠습니다.

그 아이는 “Hi, Mike”라는 한마디만 해도 벌써 발음이 달랐습니다. 아무리 흉내 내려 해도 그 아이처럼은 되지 않더군요. 저는 진심으로 멋있다고 생각했습니다. 그 아이에게 배우면서 발음을 따라 해보려 애쓰기도 했지요.

얼마 지나지 않아 반에서 ‘Hi, Mike’가 유행했습니다. 온갖 리액션을 할 때 쓰였지요. 급식을 먹을 때, 축구 시합에서 공을 패스할 때, 화장실에 갈 때 등 아무 때나 일단 말하고 보는 식이었습니다. 그냥 그 말만 들으면 재미있어서 한번은 생각지도 않고 있다가 허를 찔리는 바람에 우유를 뿜을 뻔하기도 했습니다.

이 사건을 듣고 '순수하고 귀여운 이야기네'라고 느끼는 사람도 있을 겁니다. 그런데 이는 바보 같은 중학생들을 중심으로 한, 생각 없이 웃긴 한때라고 넘길 수만은 없는 정체 모를 어두운 무언가가 교실로 조용히 다가오는 느낌도 있었지요.

굳이 이기고 싶지 않은데요?

조금 더 이야기해 봅시다. 요즘 젊은이들 사이에서는 '주목받는 일을 하고 싶다'라는 의식은 해마다 감소하고, '마음이 맞는 친구들만 알아주면 된다'라는 의식이 일관되게 증가하는 추세입니다. 이런 경향은 경쟁의식에도 드러납니다.

이기고 싶은 마음이 줄어든 건 아닙니다. 정확하게 말하자면 자기 의지로 경쟁에 뛰어들어 승리하고, 승리를 인정받고자 하는 의식이 매우 약해졌다고 할 수 있습니다. 다시 한번 말하지만, 요즘 젊은이도 지기 싫다는 마음 자체는 약하지 않습니다. 정확하게 표현하자면 '지기가 두렵다'라는 의식은 매우 강하지요. 지는 것이 너무나도 두려워서 질 가능성이 조금이라도 있으면 애초에 경쟁하지 않는다고 결론짓습니다. 경쟁한다면 1전 1승. 그 외의 경쟁은 하지 않습니다.

이러한 의식이 생긴 배경으로 저출산의 영향을 들 때가 많습니다. 흔히 단카이 세대(団塊世代, 1947~1949년 사이에 태어난 일본의 베이비붐 세대를 뜻한다—역자 주)나 단카이 주니어 세대(단카이 세대의 자녀 세대를 이르는 말로 1970~1974년에 태어난 2차 베이비붐 세대를 가리킨다—역자 주)보다 요즘 20대는 같은 세대의 인구가 적기 때문에 경쟁의식이 낮다고 말하고는 합니다.

특히 여러 의미에서 불우한 세대라고 불리는 단카이 주니어와 종종 비교되고는 하지요. 단순히 숫자 면에서 보면 단카이 주니어는 2021년 시점에 만 47~50세가 되었고, 동급생 숫자는 200만 명 정도입니다. 한편, 2021년에 20세가 된 인구는 약 120만 명이지요.

이 숫자를 자주 비교하는 이유는 이들이 부모 자식 관계에 있는 나이대이기 때문입니다. 단카이 주니어 세대의 부모는 단카이 세대로 220만 명 정도입니다. 즉, 단카이 세대는 외견상 자신들과 거의 비슷한 수의 자녀를 낳은 구조가 됩니다. 이는 일본 인구 통계에서 두 번째 절정에 해당합니다. 하지만 단카이 주니어 세대는 완만한 정체를 만들었을 뿐, 제3의 절정을 만들지 못했습니다. 이유는 출산율 저하와 인구 고령화를 들 수 있지요.

단순한 숫자 면에서도 이만큼의 차이가 있지만, 이 책이 다루는 대학생 수에 주목해 보자면 단카이 주니어 세대의 대학 진학률은 25~28%, 지금 20세는 약 55%입니다. 즉, 같은 세대의 인구는 6할이지만 대학 진학률은 두 배가 된 이유는 저출산이 이만큼이나 진행되었는데 대학 수도 대학생 수도 줄지 않았기 때문입니다.

취업에도 비슷한 경향이 있어서 공무원의 총 숫자는 과거부터 지금까지 거의 일정하고, 대기업의 숫자와 비율은 오히려 늘어나고 있습니다. 대학생·대학원생의 구인 배율(求人倍率, 구인 수를 구직자 수로 나눈 값—역자 주)은 단카이 주니어 세대의 가장 아래 연령이 졸업을 맞이한 2000년이 취직 빙하기의 밑바닥으로 약 1.0배(근래 들어 유일하게 1배 아래를 예측한 해)였습니다. 한편, 현재는 코로나 쇼크라고 불리며 항공업계 등의 어려운 경영 상황이 자주 보도되고 있지만, 그럼에도 2022년 졸업자의 구인배율은 1.5배 정도로 예상됩니다.

이러한 사실에서 득도 세대, 디지털 네이티브 세대는 경쟁의식이 약하다기보다는 애초에 그다지 경쟁할 필요가 없는 상황에 가깝다는 걸 알 수 있습니다. 경쟁은 점점 더 과거의 유물이 될지도 모르겠습니다.

다 같이 하겠습니다

교육을 할 때 학습 지도 요령이 아동과 학생의 기질과 심리에 어떤 영향을 주는지 논할 때가 많습니다. 예를 들어 '유토리 교육'은 당시의 학습 지도 요령을 알기 쉽게 표현한 것인데, 구체적으로는 이른바 주입식 교육에서 벗어나 개인에게 초점을 맞춘 경험 중시형의 교육 방침을 가리킵니다. 1993년부터 2010년 사이 초등학교에 입학한 학생을 대상으로 시행되었습니다.

이때 중요시했던 것이 스스로 배우고 생각하려는 의욕과 태도였지요. 주어진 소재를 효과적으로 인풋(Input)

하는 능력보다 주체적인 배움이 중요하며, 그 기초가 되는 사고력, 판단력, 표현력도 동시에 높여야 한다는 생각이 바탕이 되었지요.

유토리 교육에서 가장 화제가 된 것이 달리기 시합에서 순위를 매기지 않는 '손잡고 골인'이었습니다. 이를 두고 '유토리 세대는 경쟁을 해 본 경험이 없다'는 식의 놀림을 받기도 했습니다. 경쟁 환경이 대폭 완화된 건 틀림없는 사실입니다. 하지만 유토리 교육의 목표는 앞에서 말한 것처럼 개인의 경험과 체험을 중요하게 생각하는 교육 프로그램 강화에 있습니다.

이 부분이 매우 중요한 논점이니 꼭 기억하셨으면 합니다. 최대한 간단하게 포인트를 정리하자면 '경쟁 환경을 완화하는 대신 개인의 경험과 체험을 중요하게 생각하며, 스스로 배우고 생각할 의욕과 태도를 기르는 것'이 유토리 교육입니다. 개인의 경험과 체험을 중요하게 생각하고 스스로 배우고 생각한다는 기조에는 일단 자기 자신과 마주하는 요소가 들어가 있습니다. 한편, 타자와의 관계에 관해서는 경쟁하는 대신 주체성과 협조가 강조되었지요.

그 알기 쉬운 장치의 예가 '종합적 학습'입니다. 종합적 학습의 세세한 운용 방법은 각 학교에 맡겨졌지만, 기본형은 많은 학교에서 공통으로 운용합니다. 우선은 학생 몇 명을 묶어 그룹을 만듭니다. 그리고 같은 조 친구들과 협력하면서 주제를 정해 조사 연구를 진행합니다. 결과에 대해서도 우선은 그룹 내에서 토론하고, 최종적으로 자기 조 의견을 정리해 프레젠테이션합니다. 이렇게 하면 개인을 중시한 주체적인 배움과 팀의 일원으로써 협력하는 힘을 동시에 기를 수 있습니다. 다른 사람과 경쟁해서 승리하는 것보다 자기 주변의 한 사람 한 사람을 고려해 보조를 맞추고, 힘을 모아서 함께 과제를 극복해 가는 의식을 강화할 수 있지요. 유토리 교육의 목표는 그랬습니다.

여기까지는 대부분이 '정말 훌륭하다'라고 생각할 겁니다. 주체적인 경험과 체험을 중요하게 생각하고, 스스로 배우고 생각하는 힘을 기름과 동시에 다른 사람과 보조를 맞추어 힘을 모으고 함께 과제를 극복한다니 아무리 생각해도 훌륭합니다. 하지만 다시 생각해 보시기 바랍니다. 논점은 왜 개인의 경험을 중시한 교육 방침과 협조 환경이 이렇게까지 강한 동조 의식과 횡렬주의로 이어졌느냐에 있습니다.

남들이 하니까 하겠습니다

장대한 유토리 교육을 구현하는 데 있어서 거대한 과제로 떠오른 것이 사고력, 판단력, 의욕이나 태도와 같은 항목을 어떻게 측정하고 평가하느냐였습니다. 우리는 어떤 사람의 사고력이나 표현력이 뛰어난지 아닌지를 '느낌으로' 압니다. 평가 대상이 여러 명일 때도 근소한 차이가 아닌 한 '느낌으로' 순위를 매길 수 있습니다. 실제로 각종 면접시험은 그렇게 운용되지요.

아동과 학생의 사고력이나 판단력, 의욕이나 태도가 평가 대상일 때도 마찬가지입니다. 어떤 아이의 학습 의욕이 높은지 낮은지는 현장에 있는 선생님이라면 '느낌으로' 압니다. 하지만 '느낌으로' 아는 것으로는 의무 교육에서 가장 중요한 공정성을 담보할 수 없지요. 따라서 어떤 객관성이 요구됩니다.

또 '측정하지 않으면 향상되지 않는다. 일단 측정하라'라는 원칙도 강력합니다. 아이의 학습 의욕을 객관적으로 설명하려면 그것들을 측정하고, 수치화할 필요가 있습니다. 여기서 사고력이나 판단력, 의욕이나 태도의 일부가 행동으로 알기 쉽게 표출되었을 때 이를 카운트할 수밖에 없습니다. 예를 들어 수업 시간에 질문한 횟수나 스스로 학교 외부 활동에 참여한 횟수 같은 것 말이지요.

이때 앞서 이야기한 협력을 중시하는 교육이 앞길을 가로막습니다. 앞에서는 중요한 것을 스치듯이 언급만 하고 넘어갔으니 다시 한번 이야기하겠습니다. 학교는 '주체적인 경험과 체험을 중요하게 생각하고, 스스로 배우고 생각하는 힘을 기르며, 동시에 다른 사람과 보조를 맞추어 함께 힘을 모아 과제를 극복하는' 장소입니다. 이를 학급을 운영하면서 측정하고 가시화하라는 미션이 현장에 부과되었지요.

원래 같은 학년끼리 모인 집단이기에 약간의 차이도 쉽게 드러나는 환경 속에서 개인의 주체적인 행위를 발휘하려면 '다 같이', '한 팀으로', '일체감을 가지고', '가족처럼' 과제를 극복하자는 분위기를 지우고 다른 사람을 앞질러야 합니다. 이 집단적 감정이 '자기를 단속하라', '눈에 띄는 행동을 삼가라'라는 동조 압력으로 전이됩니다. 즉, 아이들은 생존 본능 때문에 이질적인 존재를 꺼리고 배제하고 있을 뿐입니다.

아이가 교실에서 손을 들지 않게 되는 시기

이 장도 얼마 남지 않았으니 다시 한번 착한 아이 증후군으로 돌아가 봅시다. 마지막으로 생각해 볼 것은 '착한 아이 증후군은 언제 발병하느냐' 그리고 '어떻게 강화되느냐'입니다.

저는 일전에 수업 시간에 선생님이 "이거 아는 사람?" 하고 물었을 때 "저요! 저요!" 하며 여기저기서 서로 발표하겠다고 손을 드는 게 몇 학년까지인지 조사한 적이 있습니다. 결론부터 말하자면 초등학교 3, 4학년쯤이 평균값입니다. 5학년 무렵부터는 천진난만하게 손을 드는 모습을 보기 어려워집니다.

즉, 이 장의 주제인 '튀면 어쩌지?' 하는 심리는 이 무렵에 싹튼다고 할 수 있겠지요. 그 후, 학년이 올라가고 중학교에 들어갈 즈음에는 주변 시선에 대한 부정적인 의식이 상당히 커집니다.

이 시기에 도대체 무슨 일이 일어나는 걸까요? 그걸 알면 뭔가 대책을 세울 수 있을지도 모릅니다. 이 시기 '열 살의 벽'이라고 부르기도 합니다. 생각보다 훨씬 더 뿌리가 깊은 것 같습니다.

분위기를 깨지 않기 위해 연기한다

어느 날 중학교 선생님인 친구가 이런 말을 하더군요.

"요즘 중학생은 친한 사이에도 연기를 하는 것 같더라? 친구 사이에 관계성을 망가뜨리지 않는 게 아이들의 최대 관심사인가 봐. 거기에 엄청난 에너지를 쏟고 있는 게 느껴지더라고. 행동이 엄청 부자연스럽냐 하면, 꼭 그렇지도 않지만 뭐라고 표현할 수 없는 위화감이 느껴진다고나 할까?"

하긴 저 역시 요즘 젊은이들은 연기력이 뛰어나다고 느낄 때가 많습니다. 누구나 가까운 사람과의 관계가 무너질까 두려워 크건 작건 진짜 자기와는 다른 모습을 연기하기도 하지요. 하지만 제 친구의 가설은 그런 연기력을 습득하는 연령이 점점 낮아지고 있는 게 아닐까 하는 것입니다.

저는 그 가설이 맞다고 생각합니다. 요즘 젊은이는 어려서부터 '연기'라고 하는 고도의 커뮤니케이션 능력을 장착하는데, 대학생이 될 무렵에는 연기력이 상당 수준에 이릅니다. 그렇게 생각하면 많은 걸 설명할 수 있지요. 일상적인 대화 속에서 아주 사소한 의견의 엇갈림이나 대립이 표출되고 말았을 때도, 고도의 연기력을 구사해 순식간에 그 대립을 없었던 일로 만드는 모습을 보고는 합니다.

저 역시 그 순간에는 기분이 나쁘지 않습니다. 오히려 친구를 배려하는 상냥함이 느껴지지요. '이게 주변 사람을 한 명 한 명 배려하는 힘이구나' 하면서 말이지요.

동시에 약간은 싸하고 무섭기도 합니다. 일련의 연기에 부자연스러움이 전혀 없기 때문입니다. 과학을 가르치는 제 친구가 느끼는 위화감도 분명 이런 거겠지요.

사회생활이 다 그런 것 아니겠냐고 한다면 그 말도 맞습니다. 어차피 인생은 라이어 게임 같은 것입니다. 처세를 익혀야 일상에서 마음의 평화를 얻을 수 있지요. 그렇지만 처세술 같은 기술이나 꾸며낸 나, 캐릭터 설정 같은 것을 너무 가까운 사이에서까지 하는 건 아닐까요?

남의 눈을 신경 쓰면서 적절한 거리감과 관계성을 유지해야만 하는 숨이 턱 막히는 세계입니다. 동시에 안정된 세계이기도 하지요. 그 미묘한 균형을 흔드는 것을 착한 아이 증후군에 걸린 젊은이들은 '압력'이라고 부릅니다. 이렇게까지 젊은이들에게 연기를 강제하고, '나'를 드러내는 것에 공포를 초래하는 것의 정체는 과연 무엇일까요?

제5장

취업 활동을 할 때도 발휘되는 착한 아이 증후군

오로지 안정을 찾아서

대체 어떤 신입사원을 뽑아야 할까?

앞서 언급했듯이 착한 아이 증후군인 젊은이들에게 평등은 매우 중요한 가치입니다. 뒤집어 말하면 차이를 벌리는 행위, 즉 '경쟁'을 매우 싫어한다는 뜻이 되지요. 하지만 현실 사회는 만만치 않습니다. 무서운 아저씨들은 '경쟁이 없는 세상은 존재하지 않는다'라고 입을 모아 말합니다.

이 장에서는 젊은이들이 겪게 되는 가장 큰 경쟁인 취업 활동에 초점을 맞춰보겠습니다. 독자 여러분 가운데는 채용하는 입장에서 그들을 대해 본 경험이 있는 분도 있을지 모릅니다. 면접을 진행하며 요즘 젊은이들의 속마음을 읽을 수 없어 답답했던 분도 많지 않을까 싶습니다.

모처럼 마련된 자리인 만큼 조금이라도 서로에게 의미 있는 대화를 하고자 여러 가지 질문을 해 봐도, 반응이 영 시원치 않습니다. 채용담당자는 답답함을 이기지 못하고 등줄기에 식은땀을 흘리며 혼자서 계속 떠들게 되지요.

면접이 끝나고 나면 '학생들이 진지한 태도로 열심히 들어 준 것 같아서 다행이다'라고 스스로를 위로합니다. 동료에게는 "요즘 대학생들은 정말 성실하고 구김이 없어!"라고 말하지요. 그렇게 말한다면 당신은 궁극의 받아내기 선수인 학생들의 기술에 보기 좋게 당한 겁니다.

최근에는 기업에서도 쌍방향 커뮤니케이션을 실현하고 조금이라도 좋은 기업 이미지를 연출하기 위해 다양한 기술을 개발해서 활용하고 있습니다. 게임 느낌의 그룹 토의 등이 전형적인 예입니다.

회사는 완벽한 조직이라는 착각

젊은이들은 결코 속마음이나 개성을 드러내지 않습니다. 드러낸다고 해도 그것은 사회적으로 만들어진 가짜 '속마음'일 뿐입니다. 채용담당자가 진지하게 상대하려 해도 취준생의 고도의 연기력 앞에 그런 바람은 쉽게 무너집니다. 그래서 의미가 없다고 한쪽 머리로는 알고 있으면서도, 자기도 모르게 하고 마는 질문이 바로 이겁니다.

"그러면 질문 있나요? 기초적인 질문도 괜찮아요. 여러분은 아직 대학생이니까 모르는 게 당연합니다."

이렇게 말하면 항상 튀어나오는 질문이 있습니다.

"그럼 질문하겠습니다. 귀사에는 어떤 연수 제도가 마련되어 있나요?"

'또 연수 제도 질문인가?' 하고 인사담당자분들이 한숨을 쉬는 것도 당연하지요. 기업 설명회에서 가장 많이 하는 질문 가운데 하나가 '연수 제도'라는 건 유명한 이야기니까요. 제 탓은 아니지만 교수로서 송구한 마음이 듭니다. 정말 미안합니다. 특히 요즘 대학생은 회사를 완벽하게 체계화된 조직으로 생각하는 경향이 있습니다. 그랬으면 하는 그들의 희망도 포함되어 있지요. 비슷한 질문으로는 다음과 같은 것이 있습니다.

"어떤 자격증이 있으면 업무에 활용할 수 있나요?"

"희망하는 부서에 들어가려면 어떻게 해야 하죠?"

'물어볼 게 그런 것밖에 없어? 자격증 공부 같은 건 필요할 때 필요한 만큼 하는 게 당연한 거 아닌가? 부서 배치 같은 건 절반은 회사 사정에 따라서, 나머지 절반은 본인 하기에 따라서 달라지는 게 당연하지. 설마 대졸씩이나 되어서 일상적인 업무만 소화하면 월급을 받을 수 있을 거라고 생각하는 건 아니겠지?'

인사담당자의 마음의 소리가 들려오는 것 같습니다. 물론 이런 속마음을 말로 내뱉을 수는 없지요. 요컨대 취업 활동은 학생과 기업이 서로 속고 속이는 장이라고 할 수 있습니다.

입을 옷조차 정하지 못하는 사람들

조금 다른 이야기지만, 취업 시장이 활기를 띠는 봄철이 되면 취업용 정장을 입어야 꼭 하는지를 두고 열띤 토론이 벌어집니다. '당연히 필요 없지. 면접에서는 자기소개부터 지원 동기까지 자기다움을 보여주라고 하면서 어째서 옷은 완전무결한 무개성으로 입으라는 거야? 이해할 수가 없네'라는 생각이 논의의 시발점이 되지요.

지당한 생각입니다. 지당하기에 많은 찬성표를 얻습니다. 그런데 찬성의 목소리를 내는 것은 주로 기업 쪽입니다. 오해하는 사람도 많지만 정장 착용을 의무로 하는 기업은 사실 매우 드뭅니다. '정장 불필요, 복장 자유'를 내세우는 기업이 대부분이지요. 벌써 꽤 오래전부터 그랬습니다. 제가 생생하게 기억하는 건 2018년 아사히신문사 채용 담당 부서에서 올린 트윗입니다.

> 각 사의 채용 담당자 여러분, '취업용 정장을 입지 않아도 됩니다'라고 공동 선언하지 않으시겠습니까? 채용 담당자는 구직자의

개성을 보기를 원하고, 옷차림도 하나의 자기표현이니까요. (이하 생략)

이 메시지가 인상적이었던 이유는 보통 이런 메시지는 학생들을 상대로 하는 커뮤니케이션 툴을 이용해 어느 회사 인사과에서 다른 회사 인사과에 메시지를 보내기 때문입니다. 이 트윗을 본 많은 회사 인사과에서 '찬성합니다', '우리 회사에서는 면접 때 사복을 입는다고 해서 가산점을 주지도 않고, 감점하지도 않습니다'라는 댓글을 달았습니다.

지금은 많은 기업에서 '사복 가능', '복장 자유' 같은 문구를 더해 면접 안내를 합니다. 그걸 보고 지도 교수나 대학의 취업 지원 담당 부서에 의견을 묻는 학생도 가끔 있습니다.

"2차 면접 안내에 '복장 자유'라고 쓰여 있는데, 이 말을 믿어도 될까요?"

저는 일단 대답을 보류하고 다시 질문을 던집니다.

"○○이는 정장이 싫으니?"

그러면 저의 학생은 이렇게 대답하지요.

"정장을 안 입었다고 해서 감점하는 회사라면 들어간다 해도 금방 그만둘 것 같아요."

"정장을 안 입으면 뭘 입고 갈 건데?"

"단정한 느낌으로요. 깔끔하게 입어야겠죠?"

"뭐야, 벌써 결론이 나왔네. 난 대찬성이야. 그렇게 입고 가. 면접 잘 보고 와!"

저는 이렇게 말하며 등을 떠밀지요. 다만 이런 학생은 극히 일부이고, 매년 90% 이상의 학생이 취업용 정장을 입습니다. 90% 쪽 의견을 들어봅시다.

- 모두 똑같은 정장을 입는다니 솔직히 소름 끼치지만, 그런 부분에서 보수적인 회사일 가능성도 있으니 아무래도 사복은 리스크가 크죠.
- 일이란 건 포멀한 건데, 캐주얼하게 입는 게 더 이상한 거 아닌가요?
- 주변이랑 똑같은 게 마음 편해요. 다들 그렇게 생각하지 않을까요?
- 저는 사복 센스가 없어서요.
- 그거 기업에서 취준생들한테 어필하려고 그러는 거죠? 분위

기 좋은 회사란 걸 보여주려고.

- 지난번에 지원한 회사에서는 '면접에는 정장으로 와 주십시오. 우리 회사에서는 사복 센스보다는 당신의 인품과 사고방식, 의욕, 잠재력에 관심이 있습니다'라고 쓰여 있었는데, 전 그 말이 오히려 공감되던데요?

훌륭한 반응도 있지만, 대부분은 첫 번째 의견 '사복은 리스크가 크다'에 포함되는 것 같습니다. 조사에 따르면 요즘 취업용 정장은 남학생 과반수는 검정이나 그에 가까운 회색 민무늬, 여학생은 대부분 검정 민무늬 옷을 입는다고 합니다.

과거에 밝은 회색이나 리본 타이 등을 착용하던 시절도 있던 걸 생각하면, 여학생들의 옷차림은 요즘 더 획일화되었다고 할 수 있겠지요. 검정으로 바뀌기 시작한 것은 2000년대쯤부터인 것 같습니다.

제가 취업 활동을 하던 1990년대에는 '당신의 개성을 돋보이게!', '차별화된 옷' 같은 문구를 강조한 고급 브랜드의 취업용 정장 광고도 자주 눈에 띄었습니다. 이때와 비교하면 남학생의 옷차림 역시 획일화되고 있다고 할 수 있겠네요.

그래서 결국 어떻게 입을 건데?

왜 취업용 정장이 획일화되었을까요? 그건 대체 누구의 선택일까요? 먼저 '누구의 선택'인지는 여기까지 읽은 독자라면 이미 아셨을 겁니다. 바로 당사자인 젊은이지요. 요즘 젊은이들 대부분은 무조건 옆으로 줄을 서려 합니다. 중요한 상황일수록 더 100명 안에 있는 1명으로 묻히기 위해 엄청난 노력을 하고 주의를 기울이지요. 이를 상징하는 것이 취업용 정장입니다. 취업 활동용 복장의 획일화가 진행된 원인으로 혹독한 취업 환경을 꼽는 지식인이 많습니다. 그들은 여학생 정장에 다양성이 사라진 시기는 취업난이 본격화된 이후로 이때부터 감점당하지 않을 만한 복장을 선호하게 되었다고 해석합니다.

그런데 그 후 두 차례에 걸친 장기 경기 회복 국면이 찾아와, 코로나 위기에 직면하기 전에는 2개월만 더 있으면 전후 최장기간이라고 할 정도로 경기 호황이 이어져, 취업 활동도 유례없는 판매자 시장(수요가 공급보다 많아 판매자에게 유리한 시장—역자 주)이 이어지고 있었습니다. 그런데도 취업용 정장의 획일화는 계속되었지요. 젊은이는 사회 정세를 보면서 행동을 결정하지 않습니다. 자신이 현재 처한 주변 분위기가 그들에게는 전부이지요.

입사 지원서에서도 나타나는 획일화

고민거리가 생겼을 때, 요즘 대학생은 일단 인터넷 정보에 기댑니다. 착한 아이 증후군인 젊은이들은 인터넷에 정답이 있다고 생각하기 때문입니다. 취업용 정장에 관해서 어떤 사이트에는 이런 말이 쓰여있습니다.

> 취업 활동을 하게 된 대학생 여러분께
>
> 취업 활동에서 사복을 입는다면 어쨌든 마이너스가 될 것 같은 요소는 모두 없애 둡시다. 예를 들어 색이 들어

간 셔츠를 입거나 줄무늬가 들어간 양복을 입으면 면접관이 학생 주제에 건방지다고 생각할지도 모릅니다. 그렇게 생각하는 사람이 면접관으로 들어올 가능성도 완전히 배제할 수는 없습니다.

마찬가지로 '취업 활동, 사복'으로 검색하면 엄청난 수의 사이트가 나옵니다. 이쯤 되면 취업 활동에서는 '사복'도 이미 획일화되었다고 보아야겠지요. 면접을 볼 때 어떤 옷차림을 해야 하는지 인터넷에 의지하게 되는 마음도 이해가 됩니다. 그런데 요즘 학생들은 그야말로 차별화와 자기 어필의 집대성이라고 할 수 있는 입사 지원서를 쓸 때도 인터넷 정보에 지나치게 의존하는 경향이 있습니다.

아시겠지만 입사 지원서는 이름에서 알 수 있듯이 취업 활동의 출발점입니다. 학생이 기업 측과 만날 최초의 기회는 주로 인턴십 설명회인데, 입사 지원서는 그 직후(혹은 동시)에 제출하는 게 보통입니다. 기업은 입사 지원서를 가지고 첫 번째 심사를 하고, 통과자에게 1차 전형을 보게 합니다.

입사 지원서에 쓰는 내용은 기본적인 개인 정보와 몇백 자 분량의 자기소개, 그리고 지원 동기가 메인입니다. 회사에 따라서는 좀 더 지원자 특성을 구체적으로 파악할 수 있는 내용, 즉 존경하는 사람이 누구인지 묻거나 자신을 표현하는 영상을 2분 이내로 찍어서 올리라는 케이스도 있습니다.

대학생이 인터넷 정보에 의지하는 것은 '몇백 자 분량의 자기소개와 지원 동기' 부분입니다. 어떤 취업 사이트에는 지금부터 지원하려고 하는 회사에 과거 합격했던 사람이 어떤 내용을 썼다거나, 면접에서 어떻게 대답했다는 정보가 잔뜩 올라와 있습니다. 물론 대부분은 익명입니다.

'자네는 우수한 학생이니까 스스로 써 보는 게 좋을 것 같다'라고 조언해도 소용없습니다. 일주일 정도 걸려서 준비한 내용이라도 약간 방향이 다른 정보가 인터넷에 올라와 있는 걸 보기라도 하면 마음이 심란해져서 쉽게 바꿔버립니다. 그런 학생을 보면 당신은 분명 이렇게 말하고 싶어지겠지요.

"그 사이트를 대부분의 취업 준비생들이 참고한다면

다들 똑같이 써서 차별화가 안 될 것 같은데?"

"회사에서는 너를 알고 싶은 거지, 정답 제출을 바라는 게 아니야."

하지만 이런 설득은 에너지 낭비니 그만두는 게 좋을 것 같습니다. 자칫하면 오히려 역효과가 날 수도 있지요. 왜냐하면 '너를 알고 싶다'라는 말은 다수에 묻혀 있기를 바라는 젊은이에게는 공포일뿐이기 때문입니다. 자신을 표현하고 차별화하고자 하는 젊은이는 처음부터 인터넷에서 답을 찾지도 않습니다.

공무원이 초절정 인기인 진짜 이유

2021년 시점에서 아이를 가진 부모가 말하는 자녀의 희망 직업 1위는 공무원입니다. 그것도 국가 공무원이 아닌 지방 공무원으로 최고 인기는 지역 도도부현(都道府県, 한국의 광역자치단체에 해당하는 체계)청 공무원입니다. 부임지에 따라서는 떨어져 살게 되지만, 적어도 현 밖으로 나가는 일은 없으니 일단 안심이지요. 유일하게 아쉬운 점이 있다면 아들 혹은 딸 자랑을 못 하게 되는 것 정도일까요?

공무원에 대한 비판의 목소리는 옛날부터 있었지만, 지금은 "아들이 이번에 현청에 취직했어요"라고만 해도 잘난 척으로 받아들여지고 맙니다. 자녀에게도 집을 지을 때는 절대 화려하게 짓지 말라고 당부해야 하지요. 2021년 시점에서 대학생이 동경하는 직업 역시 공무원입니다. 이 역시 국가 공무원이 아닌 지방 공무원이지요. 1지망은 인구 50만 이상 되는 도시의 시청입니다. 도심지에 살 수 있고, 무엇보다 시골로 발령 날 일이 없습니다. 2지망은 조건이 거의 같지만 산간벽지로 발령이 날 수도 있는 도도부현청입니다. 언젠가 교외에 집을 짓고 살고 싶다는 생각을 다들 하고 사니까요.

많은 기업, 특히 구인·구직 관련이나 보험 관련, 교육 관련 대기업은 초등학생부터 대학생을 대상으로 조사한 '하고 싶은 일 랭킹'을 매년 발표합니다. 어느 조사에서나 대학생을 대상으로 한 설문은 대개 공무원이 단독 1위를 차지합니다. 고등학생을 대상으로 해도 공무원은 적어도 3위 안에는 들어갑니다.

주식회사 마이나비의 '마이나비 2022년 졸업생 공무원 이미지 조사'에 따르면 공무원이 되고자 하는 학생 가운데 희망하는 공무원 직종은 '기초 자치단체 지방 공무원(67.0%)'과 '도도부현청 지방 공무원(52.1%)'이 압도적인 투톱이었고, 3년 연속으로 대폭 증가하는 경향을 보였습니다. 같은 공무원이어도 '국가 공무원(17.8%)이나 '교직원(9.3%)'과는 큰 차이를 보였고, 이쪽은 3년 연속으로 감소세가 나타났습니다.

최근에는 지방 공무원의 인기가 너무나 높아서 난도가 더 높다고 평가받는 국가 공무원에 합격하고도 현청이나 시청에 들어가는 대학생이 속출하고 있습니다. 업무적인 역량을 더 크게 발휘할 수 있는 쪽은 국가 공무원이 분명하지만 그런 구조와 인기는 비례하지 않는 것 같습니다. 아니, 오히려 그런 구조가 지방의 인기를 점점 높이고 있습니다. 왜냐하면 자기가 먼저 제안하거나 지시하기를 꺼리는 게 착한 아이 증후군에 걸린 젊은이들이니 말입니다.

그 결과 전국의 모든 대학은 지방 공무원 취업 실적을 열심히 어필합니다. 독자적으로 지방 공무원 시험 준비

도표 5-1 기업을 선택하는 이유

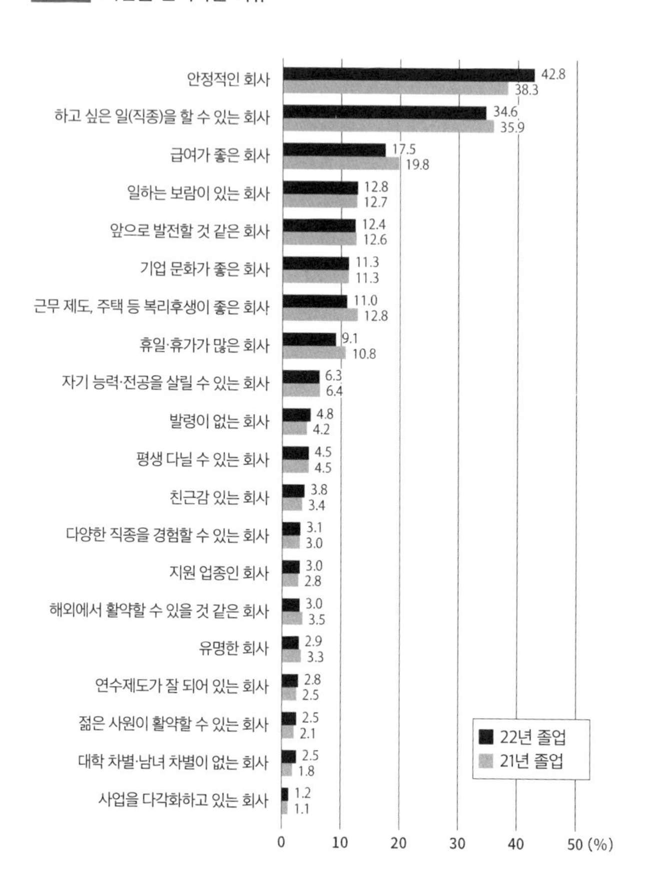

출처 : 마이나비 '마이나비 2022년 대학 졸업생 취업 의식 조사' (2021)

강의를 개설하는 사립대학도 많습니다. 단언컨대 저는 공무원을 비난할 생각은 없습니다. 어째서 대학생들이 지방 공무원이 되고 싶어 하느냐를 생각해 보고자 하는 것뿐이지요.

공무원을 희망하는 이유를 조사했을 때의 결과는 득표수가 높은 순으로 '안정적이다' (67.2%), '휴일이 보장되고, 복리후생이 잘 되어 있다' (40.5%), '사회 공헌도가 높다' (38.2%), '급여·대우가 좋다' (37.4%), '지역과 밀착된 일을 할 수 있다' (33.2%) 순으로 나왔습니다.

이 결과를 보고 마이나비는 '계속된 안정 지향과 더불어 높은 사회 공헌도와 지역 밀착이라는 점을 매력으로 보는 학생이 전년보다 늘어난 결과를 바탕으로, 코로나바이러스의 유행이 공무원 지망 비율을 높이는 하나의 원인이 되었다는 사실을 알 수 있다'라고 분석했습니다.

상당히 긍정적인 해석인데, 정말 코로나의 영향이라고 할 수 있을까요? 설문조사란 언뜻 객관적으로 보이지만 애초에 설문과 선택지 설정에 따라서 결과는 얼마든지 달라질 수 있습니다. 이 설문 역시 선택지 설정이 지나치게 표면적이어서 결과 해석에 편견이 들어간 것일지도 모르겠습니다.

그들에게 있어서 '안정'이란

포인트는 '요즘 대학생들에게 안정이란 무엇인가'입니다. 이에 따르면 학생이 기업을 선택할 때의 포인트는 '안정적인 회사인가'가 42.8%로 1위입니다. 한편 '일하는 보람이 있는 회사'나 '성장 가능성이 있어 보이는 회사'처럼 원래대로라면 많은 표를 받을 것 같은 항목은 10%를 겨우 넘어섰습니다.

이 조사 결과는 시사하는 바가 매우 크기 때문에 조금 더 살펴보도록 하겠습니다. 도표 5-2는 2002년도 졸업생부터 2022년도 졸업생까지 시간의 변화를 보여줍니다. 보시는 것처럼 2020년에는 오랫동안 1위를 지켰던 '내가 하고 싶은 일을 할 수 있는 회사'를 '안정적인 회사'가 처음으로 앞질렀습니다. 자세히 보면 '안정적인 회사'는 10년 정도 전에 '일하는 보람이 있는 회사'도 앞질렀습니다. 참고로 '급여가 높은 회사', '휴일·휴가가 많

도표 5-2 기업을 선택하는 이유 <시간에 따른 변화>

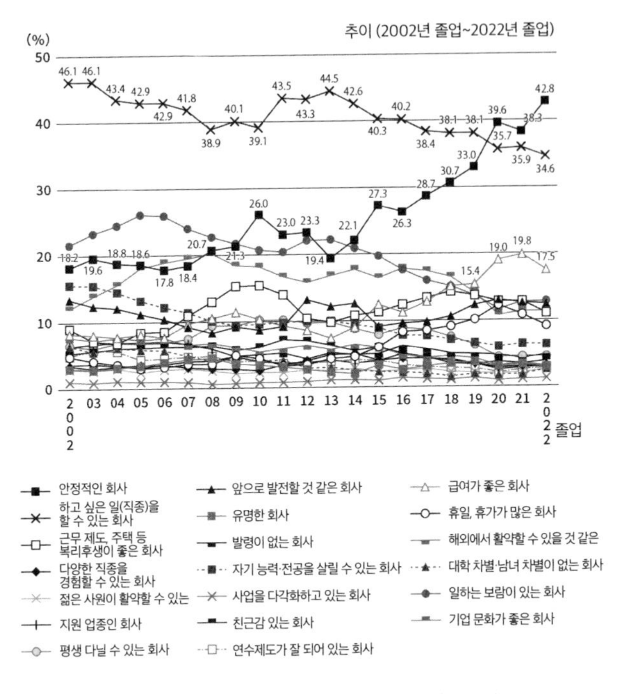

출처 : 마이나비 '마이나비 2022년 대학 졸업생 취업 의식 조사' (2021)

은 회사'도 최근 몇 년 사이에 인기가 상승하고 있지요.

마이나비의 조사에서 또 한 가지 흥미로운 점을 찾을 수 있습니다. 도표 5-3은 도표 5-1을 남녀 및 문과와 이

도표 5-3 기업을 선택하는 이유 <문·이과 남녀별>

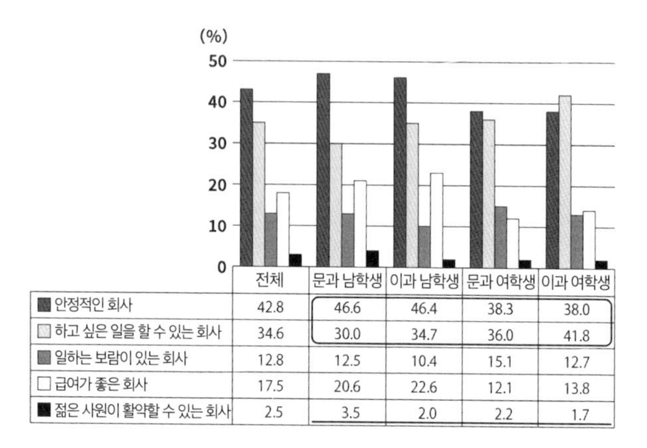

	전체	문과 남학생	이과 남학생	문과 여학생	이과 여학생
안정적인 회사	42.8	46.6	46.4	38.3	38.0
하고 싶은 일을 할 수 있는 회사	34.6	30.0	34.7	36.0	41.8
일하는 보람이 있는 회사	12.8	12.5	10.4	15.1	12.7
급여가 좋은 회사	17.5	20.6	22.6	12.1	13.8
젊은 사원이 활약할 수 있는 회사	2.5	3.5	2.0	2.2	1.7

출처 : 마이나비 '마이나비 2022년 대학 졸업생 취업 의식 조사' (2021)

과로 나눈 도표입니다. 개인적으로 다음 두 가지 점이 흥미롭습니다.

첫 번째는 '안정적인 회사'는 주로 남성이 선호한다는 사실입니다. 남녀 사이에 약 8포인트나 차이가 벌어져 있습니다. 한편 '내가 하고 싶은 일을 할 수 있는 회사'는 반대입니다. 앞에서 2020년에 처음을 '안정적인 회사'가 1위가 되었다고 이야기했는데, 그것은 주로 남성의 이야기입니다. 이과 여성은 여전히 '내가 하고 싶은 일을 할 수 있는 회사'를 1위로 꼽습니다.

요즘 대학생 중에서 가장 자부심과 자기실현 욕구가 강한 것은 이과 계열 여성이라는 뜻이 되겠네요. 반대로 '일하는 보람이 있는 회사'에 대한 이과 남성의 낮은 비율도 신경이 쓰입니다.

남녀가 이렇게까지 갈리면 꽤 큰 임팩트가 있지요. 의외라는 생각이 드시나요? 아니면 역시라고 생각이 드시나요? 독자 여러분의 생각도 나뉠 것 같습니다.

두 번째 흥미로운 점은 '젊은 사원이 활약할 수 있는 회사'의 수치가 무서울 정도로 낮다는 것입니다. 너무 낮아서 그래프에서 사라져 버릴 것 같습니다. 젊은이를 대상으로 한 설문조사에서 젊은 사원이 활약할 수 있는 회사에는 흥미가 없다는 결과가 나왔습니다. 이것이 오늘날 일본 젊은이의 직업관입니다. 다만, 계속해서 착취당해 온 그들의 자기방어기제가 드러난 결과라는 사실도 잊지 말아야 합니다. '젊어서부터 활약할 수 있다고 말하는 회사=뭔가 꿍꿍이가 있는 회사'라는 도식은 학생들 사이에서 어느 정도 공유되고 있습니다.

이제 젊은이에게 '안정'이라는 키워드가 매우 중요하다는 것은 이해하셨겠지요? 여기서 제가 묻고 싶은 것은 그들은 어떤 상태나 상황을 '안정'이라고 생각하느냐입니다. 아마 '안정적인 회사=망하지 않는 회사'라고 생각하는 이가 많지 않을까요? 요즘 대학생 역시 그렇게 생각하는 것 같습니다.

거기에 더해 '망하지 않는 회사=대기업'이라는 생각이 강합니다. 게다가 '모르는 대기업 < 아는 대기업'이라는 부등식이 완성되어 있지요. 이 부분은 일해 본 경험이 없으니 어쩔 수 없는 건지도 모릅니다.

하지만 그들과 차근히 이야기를 해보면 '안정'에는 정신적인 의미도 꽤 많이 포함되어 있다는 사실을 알 수 있습니다. 주변이 열의가 넘치지 않은 느낌을 선호합니다. 상사나 선배가 막 들이대지 않는 분위기 말이지요. 한마디로 평온한 분위기입니다. '뭘 하고 싶냐'고 묻거나 '아직 젊으니까 괜찮다'라고 격려하지 않는 분위기를 좋아한다는 뜻입니다.

즉, 안정된 멘탈로 일할 수 있다는 뉘앙스를 포함해서 '안정적인 회사'가 인기입니다. 사실 이는 앞의 데이터에서도 어느 정도 엿볼 수 있습니다. 만약 안정적인 회사에서 활약하고 싶다면 '안정적인 회사'와 '하고 싶은 일을 할 수 있는 회사'가 이렇게 깔끔하게 반비례할 일은 없습니다. 하지만 결과는 정반대입니다.

즉, 요즘 많은 대학생은 하고 싶은 업무나 일의 보람을 안정의 반대편에 있다고 생각하는 경향이 있다고 할 수 있습니다. 하고 싶은 일을 추구하는 것은 '그쪽 인간'이 하는 일, 달리 말해 안정적인 일이 아니라는 말이지요. 저는 이것이 요즘 대학생의 심리를 이야기할 때 매우 중요한 요소라고 생각합니다.

"저는 그쪽 인간이 아니라서요."

이 한마디만 들어도 대학생이라면 느낌이 확 올 겁니다.

"저는 그쪽 인간이 아니라서 일의 보람 같은 건 별로. 역시 대기업 사무직 같은 게 좋아요."

이로 인해 대기업과 공무원 쪽으로 많이 몰리는 것입니다.

기업과 구직자의 동상이몽

이 책을 읽는 독자 가운데는 분명 대학생도 있겠지요. 책의 처음부터 끝까지 구박만 하는 것 같아 정말 미안합니다. 대학생 여러분, 이번에는 눈을 크게 뜰 차례입니다.

도표 5-4는 일본 경제 단체 연합회가 발표한 '고등 교육에 관한 설문조사' 결과의 일부입니다. 경단련 회원 기업뿐 아니라 비회원 기업까지 총 443개 회사를 대상으로 실시했습니다. 도표는 학생에게 원하는 자질, 능력, 지식에 관해 선택지 가운데 1위에서 5위까지를 골라 1위를 5점, 2위를 4점, 3위를 3점, 4위를 2점, 5위를 1점으로 계산해 집계한 결과입니다. 결과를 살펴봅시다.

기업이 학생에게 원하는 자질과 능력은 문·이과 모두 단독 1위가 '주체성'이라는 결과가 나왔습니다. 그리고 '실행력', '과제 설정·해결 능력'이 그 뒤를 이었지요. 개인적으로 과제 설정과 해결 능력은 서로 다른 능력이라고 생각하기에 이 부분은 다소 논란의 여지가 있을 것 같지만, 주체성과 실행력이 투톱이라는 사실은 시사하는 바가 큽니다. 앞에서처럼 정신적인 안정이 가장 중요

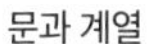 기업이 학생에게 원하는 자질·능력·지식

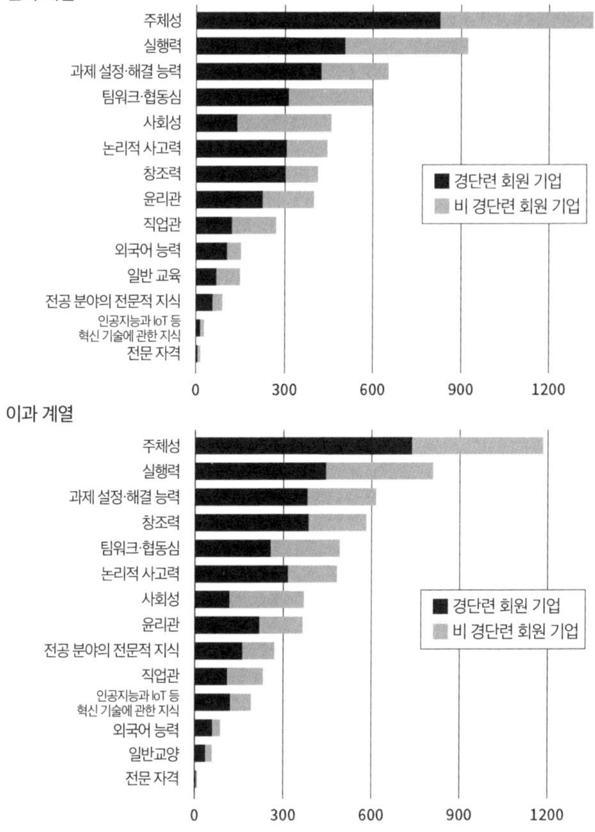

출처 : 일본 경제 단체 연합회 '고등 교육에 관한 설문조사' (2018)

하고, '하고 싶은 일'이나 '일하는 보람'을 중요하게 생각하는 학생의 비율이 뚝 떨어지고 있는 상황에서 얄궂은 결과이지요. 주체성은 착한 아이 증후군인 젊은이가 가장 싫어하는 요소입니다.

또, 커뮤니케이션 능력의 지표인 '팀 워크·협동심'이나 '사회성'은 여러 해 동안 상위권을 지켜왔습니다. '논리적 사고력'은 다른 비슷한 조사를 포함해서 판단하자면 순위가 완만하게 떨어지는 경향이 있습니다. 전체적으로 생각해 보면 안정을 추구하는 학생이 많기 때문에 리스크를 감수하더라도 주체적으로 움직일 수 있는 학생의 희소가치가 올라가는 구조가 된 것 같습니다. 수요와 공급의 대원칙이 작용하고 있습니다.

이해할 수 없는 것은 이 차이가 중화되는 방향으로 향하지 않고 있다는 사실입니다. 수요와 공급의 차이는 평균점으로 향하는 것처럼, 명확한 수요가 있으면 공급하는 쪽은 이를 채우는 방향으로 반응하게 되어있지요. 그런데도 데이터로도 그렇고, 제가 실감하기에도 그렇고, 오히려 차이가 계속해서 벌어지고 있는 것 같습니다. 그건 무엇을 의미하는 걸까요? 제가 생각하는 가설은 다음 다섯 가지입니다.

① 기업은 '주체성'과 '실행력'을 갖춘 학생을 간절히 원하면서도 그걸 갖춘 학생에 대한 명확한 인센티브를 마련하고 있지 않다.
② 학생은 '주체적으로 움직일 수 있다'라는 메시지를 기업으로부터의 착취 가능성으로 느끼고, 그런 신호를 보내는 기업을 피하는 경향이 있다.
③ 과거와 달리 부모와 자식 사이가 아주 좋아서 부모의 뜻이 안정 지향적으로 강하게 작용하고 있다.
④ 지금까지 특별히 하고 싶은 일 없이 지내온 대학생에게 새삼스레 주체적으로 움직이라고 해 봤자 호응할 수 없다.
⑤ 주체적으로 움직일 만큼 자신감이 없다.

①의 인센티브란 급여를 높게 설정한다거나 희망 부서 배치를 고려하는 것 등을 말합니다. 만약 주체적으로 움직이는 젊은이에 대한 명시적인 인센티브를 설정하지 못했다면 학생들이 주체적으로 움직이는 쪽이 손해고, 그저 기업 측에 유리한 착취일 뿐이라고 판단해도 어쩔 도리가 없지요.

실제로 기업은 '주체성'이라는 명분 아래, 젊은 에너지를 순순히 투하해 주는 학생을 찾기 위해 필사적입니다. 그런 학생을 발견하면 이번에는 포위망을 펼치지요. 포위하는 방법에는 당근과 채찍 두 가지가 있는데, 그 이야기를 하는 것도 재미있겠지만 여기서는 생략하겠습니다.

대부분의 학생은 기업의 그러한 의도를 간파하고 있습니다. 그래서 학생은 주체성을 원하는 기업을 피하게 되지요. 이것이 가설 ②입니다. 따라서 기업들은 '순수하게 젊은 에너지를 투하해 주고, 더불어 그렇게 해 주는 기업에 감사까지 하는' 타입의 몇 안 되는 학생을 서로 차지하려고 싸우게 됩니다.

얼핏 보기에 스타일이 완전히 다른 가설 ③(사이 좋은 부모 자식 간의 안정 지향)도 요즘 사회에서는 상당히 유력하지 않을까 싶습니다. 이 책에서는 일관되게 요즘 많은 대학생은 착하고 순수하며 성실하다고 말해왔습니다. 그 이미지대로 부모의 의견 역시 순순히 받아들입니다. 마음 깊은 곳에서는 반발하고 있더라도 부모의 의견을 무시하지 않습니다.

④(하고 싶은 일 없음)과 ⑤(자신 없음) 사이에는 깊은 관계가 있습니다. 특히 '자신이 없다'에 관해서는 7장에서 정리해서 논의하고자 합니다.

가로에서 세로로 향하는 막연한 공포

도표 5-5 가로 세계에서 세로 세계로

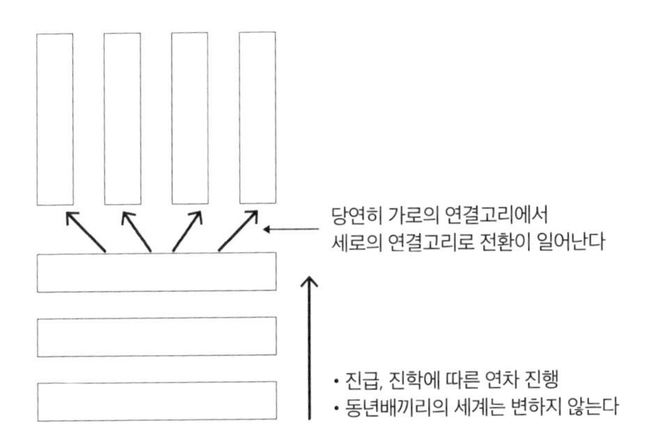

착한 아이 증후군인 젊은이들이 느끼는 취직에 대한 막연한 공포를 가시화하자면 도표 5-5와 같습니다. 초

등학교 입학 이후 그들의 세계는 기본적으로 동급생으로 가득 차 있습니다. 각종 학원 등 과외 활동을 한다면 다른 학년을 대할 일이 있기도 하겠지요. 하지만 인적 네트워크의 압도적 중심은 여전히 동급생입니다. 이런 상태가 대학교 졸업 때까지 이어집니다. 거듭 보아 왔듯이 가로의 평등 압력은 해마다 높아지고 있습니다. 조금이라도 다수파에 속하려면 가로의 연결고리가 굵어야 하지요.

대학 수험에서는 등급이 어느 정도 높고 규모가 큰 대학이 언제나 인기입니다. '개성 중시 시대' 같은 건 사실은 오지 않았습니다. 동급생만 해도 1만 명이 넘는 큰 규모의 학교에 다니면 취업 활동을 할 때 차별화 측면에서 엄청나게 불안할 것 같지만, 많은 대학생은 이를 오히려 다수파의 안정으로 받아들입니다.

이러한 가로 중심의 사회에서 세로 중심의 사회로 강제 전환하는 것이 취직입니다. 취업 활동에 직면해서야 그들은 비로소 자신에게 차별화할 수 있는 것이 아무것도 없다는 사실을 깨닫습니다. 그동안 동조와 평등의 압력 속에 빠져 있었으니 당연하지요. 그래서 다들 인기

구직 정보 사이트를 보며 차별화를 꾀합니다.

세로 사회에서도 마찬가지로 가로 폭은 두꺼우면 두꺼울수록 좋습니다. 공무원과 대기업의 인기는 이 때문이기도 합니다. 일단 동기가 많고, 거의 모두 같은 연수를 받기에 안심하는 것이지요.

모르는 것은 절대 묻지 않는다

무섭고 두려운 취업 활동 끝에 정식으로 입사했다 한들 그들의 기질이 금방 바뀌지는 않습니다. 가로 세계가 그들의 세계이며 그 밖의 세계는 다른 세계이고, 상사는 아예 외계인입니다. 그런 상황에서 상사가 질문하면 그들은 어떻게 대처할까요? 예를 들어 동기 여러 명과 함께 있을 때 상사에게 콕 집어서 질문을 받았다고 해봅시다.

“요즘 젊은이들의 SNS 사용 방법에 대해서 자네는 어떻게 생각하나?”

이때 착한 아이 증후군인 젊은이들은 일단 어떻게 대

답하는 것이 정답인지를 생각합니다. 통계적으로 가장 많은 반응은 '얼어붙는다'입니다. 숲에서 곰을 만났을 때처럼 말이지요. 열심히 생각하고 있어서 그런 게 아닙니다. 열심히 생각하는 자세를 보이는 것이 정답이라서 그렇게 행동하는 겁니다. 굳어 있으면 상대방이 어떤 움직임을 보입니다. 때에 따라서는 대답을 대신 말해주거나, 질문을 거둬갈 수도 있습니다. 어느 쪽이든 그 자리는 마무리되지요.

그들은 중학교, 고등학교, 대학교에서 '얼어붙었을 때의 효과'를 학습했습니다. 상대방이 기다리다 지칠 때까지 기다리는 게 정답입니다. 다음으로 많은 반응은 아래 세 가지입니다.

① 웃으면서 (그런 분위기를 만들면서) 어떤 대답을 한다.

② 질문에 질문으로 답한다.

③ 옆에 있는 동기에게 작은 목소리로 도움을 요청한다.

①은 적절한 대답이 떠오르지 않는 가운데, 진지하게 생각하려는 노력이 엿보이는 만큼 적어도 귀염성이 있

습니다.

②는 대개 질문을 앵무새처럼 반복하는 단순한 시간 벌기에 지나지 않습니다. 이런 반응을 하는 사람 가운데는 열등감이 강하고 허세를 부리는 타입이 많습니다. 어른인 당신은 발끈하지 말고, 여유를 가지고 대응해야 하겠지요.

이해할 수 없는 것은 ③번일 겁니다. 질문한 쪽은 어이가 없어서 한동안 말문이 막힐 수도 있습니다. '이 타이밍에, 옆에 있는 동기한테 말을 건다고? 사회인으로서의 자각이 너무 없는 거 아닌가? 어린애도 아니고.'

저 역시 대학에서 일하며 대학생의 정신연령이 해마다 어려지고 있다는 느낌을 받습니다. 특히 이 케이스는 결정적으로 '상대에게 실례가 된다'라는 감각이 결여되어 있지요. 이런 태도를 보이면 욱해서 화를 내고 싶어지기도 합니다. '이봐, 자네한테 묻고 있잖아!' 사실 이 말을 참는 것은 상당히 어렵습니다. 대부분의 상사는 입 밖으로 나오는 말을 간신히 삼킬 겁니다. 이럴 때 이성적으로 행동할 수 있기에 상사로 일하는 것이고, '그런 말을 하면 이 녀석은 내일부터 안 나올지도 모른다'라는 생각이 머리를 스칠 수도 있습니다.

어쨌든 착한 아이 증후군인 젊은이들은 상사나 선배를 대할 때 정답이 뭔지를 생각하는 버릇이 있습니다. 기본적으로는 성실하고 온순한 자세를 보입니다. 한편, 동기 등 같은 세대와는 표면적이고 가벼운 관계를 유지합니다.

참고로 후배에게 품는 감정은 '무섭다'입니다. 이제는 이유를 설명할 필요조차 없을지 모르지만, 후배 역시 외계인이며 후배와의 만남은 미지와의 조우이기 때문입니다. 그들을 대할 때면 '아무런 반응도 안 해 주면 어쩌지?', '엄청나게 똑똑하면 어쩌지?', '날 싫어하면 어쩌지?' 같은 불안감이 앞섭니다. 이제 그들의 세계가 얼마나 좁은지 느낌이 오시나요?

젊은이와의 불완전한 의사소통을 그냥 웃어넘길 수 없게 되는 케이스도 가끔 있습니다. 가장 심각하고 자주 일어나는 케이스는 어떻게 하면 좋을지 모르는 채로 일을 떠맡은 다음, 돌이킬 수 없는 상태가 될 때까지 방치하고 마는 경우입니다. 저도 이런 이야기를 최근 몇 년 사이에 정말 자주 듣고 있습니다.

곧바로 상사나 선배에게 상의하면 별일이 없을 텐데, 그걸 못 물어봐서 혼자 끙끙 앓습니다. 가장 큰 이유는 '그런 것도 모르냐고 생각하면 어쩌지' 하는 걱정 때문입니다. 상의하지 않고 방치하면 그 후에 일이 어떻게 될지 상상할 수 없는 거냐고 다그치고 싶지만, 착한 아이 증후군에게는 남들이 본인을 '기본적인 것도 모르는 사람'이라고 생각하게 되는 게 더 큰일입니다.

물론 이런 일이 있을 때 가로 연결고리(주로 동기)에게는 재빨리 상의합니다. 하지만 그쪽 역시 신입인지라 매끄러운 해결책이 나올 리가 없습니다. 그렇게 또다시 고민을 떠안은 채로, 시한폭탄의 시곗바늘이 돌아갑니다.

젊은이들의 '워라밸'에 관한 오해

이 장을 마무리하며 조금 변화를 주어서 워라밸, 즉 '워크 라이프 밸런스'에 관해 생각해 보고자 합니다. 그 해석은 세대와 입장에 따라서 완전히 다릅니다. 물론 그 취지는 일과 사생활의 적절한 균형을 찾자는 것이지만,

착한 아이 증후군인 젊은이들의 워크 라이프 밸런스에는 '무작정 열심히 일하거나 다른 사람 이상으로 노력하지 않는 것, 혹은 그 노력을 경시하는 것'이라는 뉘앙스가 들어가 있습니다.

얼마 전에 '요즘 젊은이들은 과장 직급도 원하지 않는다'는 통계 데이터가 나왔는데 이 데이터는 이미 시대에 뒤처진 것입니다. 신입사원을 대상으로 한 조사에 따르면 '어느 직위까지 승진하고 싶은가'라는 질문에 대해 10년 전과 비교해 가장 증가한 대답이 '아무래도 좋다'였다고 합니다. 출세하고 싶지 않은 게 아니라, 이제는 아예 신경을 쓰지 않는 것입니다. 이런 경향을 보고 요즘 젊은이들이 일에 대한 의식이 낮은 이유를 워크 라이프 밸런스를 중시하기 때문으로 해석하는 경우가 상당히 많지요. 예를 들어 다음처럼 말입니다.

요즘 젊은이 가운데는 특별히 하고 싶은 일은 없다고 말하는 사람이 늘었지요. 한편으로 그들은 '개인적인 시간을 충실하게 보내고 싶다', '사생활을 풍요롭게 하기 위해 일하고 싶다'라고 생각합니다. 따라서 직장을 고를 때도 워크 라이프 밸런스를 가장 중요하게 생각하지요. 단적으로 말하자면 급여는 그럭저럭 주면서 일찍 퇴근할 수 있는 회사를 선호합니다.

요즘 젊은이들은 취미가 상당히 다양합니다. 과거처럼 모두가 차를 사는 시대도 아니고, 각자 자신이 좋아하는 것을 중요하게 생각하는 시대입니다. 따라서 일하는 방식을 생각할 때도 취미 시간 확보가 최우선입니다. 그것이 요즘 젊은이들의 직업관입니다. 직장을 선택하는 데 있어서 '어느 정도의 급여를 받을 수 있는 안정적인 회사'라는 조건이 맨 처음으로 나오는 이유도 취미 시간을 의식한 결과일 겁니다. 그들은 절약할 부분은 철저하게 절약하는 한편, 좋아하는 일에는 돈을 아끼지 않습니다.

어떤가요? 전문가의 코멘트를 인용한 것처럼 썼지만 실은 제가 처음부터 끝까지 지어낸 것입니다. 그런데도 어디선가 읽어 본 듯한 느낌이 들지 않나요? 하지만 세상에 나돌고 있는 이런 논조에는 중대한 오해 두 가지가 포함되어 있습니다.

첫 번째 오해는 젊은들이 개인 시간을 중요하게 여겨서 일에 대한 의식이 저하했다는 생각입니다. 여기에 어떤 오해가 있는지 살펴보자면 '요즘 젊은이는 적극적으로 워크 라이프 밸런스를 추구한다'라고 생각하는 것입니다.

잘 생각해 보시기 바랍니다. 착한 아이 증후군의 관점에서는 적극적으로 워크 라이프 밸런스를 유지하려 하는 사람은 자의식이 높은 사람입니다. '사적인 시간을 중시하고 싶다', '사생활을 풍요롭게 하고 싶다' 같은 '○○하고 싶다'라는 표현 자체가 자의식이 높은 증거이며 전혀 착한 아이 증후군답지 않습니다. '적극적 워크 라이프 밸런스파'는 어른이 만든 허상에 지나지 않습니다. '자기 시간을 소중하게 생각한다'라니, 제가 보기에는 무척이나 긍정적인 해석입니다. 착한 아이 증후군인 젊은이 사고의 중심은 '○○하고 싶지 않다' 입니다. 리스크 회피 지향이란 그런 것이지요.

두 번째는 사적인 시간에 대한 오해입니다. 좀 전에 인용문에서 '젊은이는 다양한 취미를 가지고 있다'라는 의견을 소개했습니다. 그렇지만 자기가 좋아하는 일이 아낌없이 돈을 쏟아붓는 자세 역시 제가 보기에는 극히 소수의 자의식이 높은 사람들이 하는 일입니다. 일도 그럭저럭하면서 하고 싶은 일에 열중하는 사람은 옆에서 보기에도 활기가 넘칠 겁니다.

그러면 많은 젊은이가 개인적인 시간에 뭘 하고 있을까요? 게임, 유튜브, 아마존 프라임으로 영상 시청, 넷플릭스 감상, 그리고 SNS를 하지요. 이런 현상은 코로나로 인해 더욱 가속화되었습니다. 한 번 더 말하겠지만 이 책에서 논의하고 있는 착한 아이 증후군에 걸린 젊은이들은 특별히 하고 싶은 일이 없습니다. 애초에 남에게 뒤지지 않을 정도의 취미를 가진 사람이라면 일도 나름대로 열심히 하겠지요. 자기 안에 하나의 중심축이 만들어져 있기 때문에 음침하지도, 불안해 보이지도 않습니다.

신입사원들이 회식에 꼭 참여하는 이유

요즘 젊은이는 사생활을 중시하고, 일에도 출세에도 관심이 없습니다. 그런데 신기하게도 직장인의 회식 참석 비율은 오랫동안 이어진 감소 경향을 꺾고 다시 증가하고 있는 추세입니다. 많은 지식인이 그 이유를 해석하느라 애를 먹고 있는 것 같습니다.

요즘 신입사원은 회식 참가를 권하면 “잔업 수당은 나오나요?”라고 말하는 거 아니었나 생각하는 사람도 있을 겁니다. 하지만 생각해 보면 그런 거절 방식을 취한다는 건 확고한 자아, 흔들림 없고 강고한 의지가 있다는 증거입니다. 착한 아이 증후군인 젊은이에게 그런 게 있을 리 없지요.

혹은 표면적으로 주변에 맞추는 대단한 협조성으로 볼 수도 있겠네요. 그것이 착한 아이니까요. 게다가 요즘 회식은 옛날과는 달리 깔끔합니다. 술을 강요하거나 젊은 사원에게 술을 따르라고 시키는 일도 찾아볼 수 없습니다. 상사의 집 위치를 파악하고 절묘한 타이밍에 택시를 부를 필요도 없지요. 적당히 분위기에에 맞춰서 밥을 먹고 집에 가면 됩니다.

도표 5-6의 해석으로는 일이나 직장의 인간관계를 중시하게 된 것이 아니라 ‘거절할 만큼의 의지가 없고, 더불어 요즘 술자리 대부분은 손님 모드로 있을 수 있으니 참가한다’ 정도가 타당할 것 같습니다.

도표 5-6 직장 회식 참가 유무

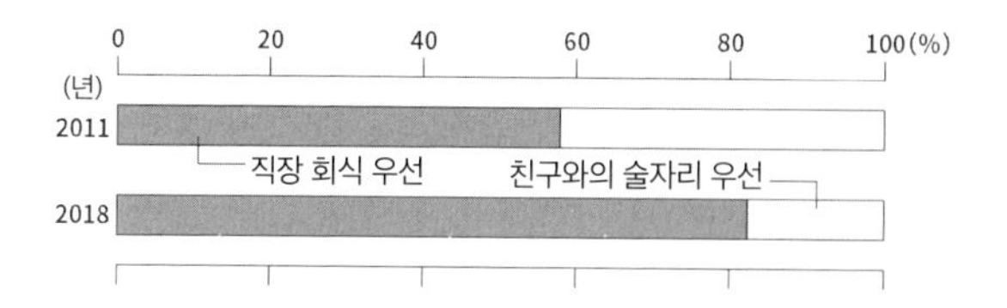

출처 : 일본생산성본부 '신입사원 의식 조사(봄)' (2018)

제6장

부탁받으면 못 할 것도 없지만요

사회 공헌에 대한 비뚤어진 동경

젊은이의 업무관 4조항

이 장에서는 분위기를 바꿔서 결론부터 말해 보겠습니다. 착한 아이 증후군인 젊은이들의 직업관을 정리하면 다음과 같습니다.

- 다른 사람 시선이 신경 쓰이고 경쟁도 하고 싶지 않지만, 내 능력을 살리고 싶다.
- 월급도 그럭저럭 받고, 야근은 하기 싫지만, 내 능력으로 사회 공헌을 하고 싶다.

- 스스로 적극적으로 움직이지는 않지만, 개성을 살린 일을 해서 다른 사람에게 감사 인사를 듣고 싶다.
- 사회 공헌이라고 해서 일면식도 없는 사람을 위해 애쓰는 게 아니라 '고맙다'는 말을 들을 수 있는 일을 하고 싶다.

한 가지 흥미로운 데이터를 소개하려고 합니다. 일본 생산성 본부가 매년 신입사원을 대상으로 실시하는 조

도표 6-1 회사를 고를 때 중시하는 요소

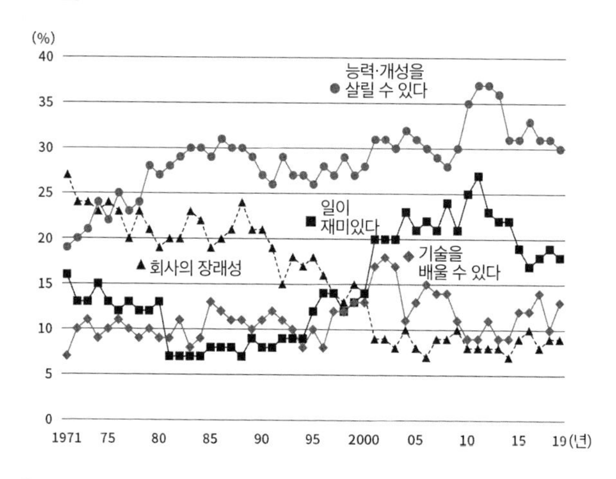

출처 : 일본 생산성 본부 <신입사원 '일에 대한 인식' 조사 결과> (2019)

사로, 몹시 흥미로워 제가 자주 인용하는 데이터입니다.

이 조사에 따르면 '회사를 고를 때, 당신은 어떤 요소를 가장 중요하게 생각하나요?'라는 질문에 대해 '내 능력·개성을 살릴 수 있다'라는 응답이 약 30%(2019년)로 가장 많습니다. 반대로 '회사의 장래성'이라는 응답은 서서히 감소하고 있습니다. 회사에 의존하는 것이 아니라 자기 능력이나 개성을 살리고 싶다는 의식이 강해졌다고 보아야 할까요?

5장에서 소개한 것처럼 요즘 젊은이들은 기본적으로 승진에는 관심을 보이지 않는 경향이 강해졌습니다. '관리직은 되고 싶지 않다', '아무래도 상관없다'라고 답하는 비율이 늘고 있고, 특히 여성은 이 두 가지 응답이 전체의 3분의 1에 달합니다. 사내에서 출세하고, 자기가 팀을 이끌기보다는 일이 몸에 익은 후에 자기 능력과 개성을 발휘하고 싶다고 생각하는 것 같습니다.

또, '남들보다 더 일하고 싶은가'라는 질문에는 '남들만큼이면 충분하다'라는 응답이 압도적으로 많아서 '남들 이상'이라는 응답과는 2배 이상의 격차를 보였습니다.

이상을 정리하면 '능력이나 개성을 살려서 일하고 싶

기는 하지만, 관리직이나 전문직이 되고 싶은 것은 아니다. 당연히 일하는 양은 남들만큼이면 충분하다'라는 말이지요.

신입사원의 일하는 목적과 사회 공헌 의욕

다음 도표 6-2를 봐주시기를 바랍니다. 역시 일본 생산성 본부가 신입사원을 대상으로 '일을 통해 어떤 생활을 하고 싶은가(일하는 목적 가운데 어떤 것이 자기 생각과 가장 가깝다고 생각하는가)'를 물은 결과입니다.

이 조사에서 가장 흥미로운 점은 굉장히 오래전부터 실시했다는 점입니다. 덕분에 상당히 긴 기간의 변화를 추적할 수 있는데, 이 책에서도 1970년대부터 살펴보려고 합니다. 1970년대는 '내 능력을 시험해 보고 싶다'와 '즐겁게 생활하고 싶다'가 투톱이고, 다음으로 '경제적으로 풍요로워지고 싶다'가 차지하고 있습니다. 1980년대에 들어가면 '풍요로워지고 싶다'가 뒤를 바짝 쫓으면서 3강 시대가 약 20년 동안 이어집니다. 중간에 '즐거

도표 6-2 일을 통해 어떤 생활을 하고 싶은가

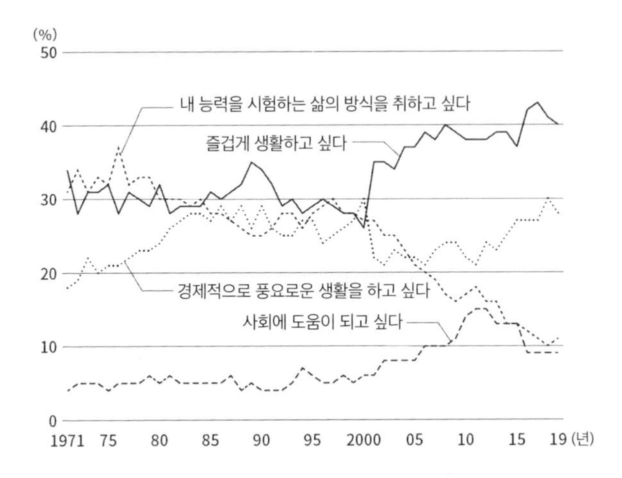

출처 : 일본 생산성 본부 <신입사원 '일에 대한 인식' 조사 결과> (2019)

운 생활'이 다른 항목을 웃돌 때도 있었지만 큰 추세는 변하지 않았지요.

그러다가 2000년대에 들어오면서 분위기가 확 달라집니다. 구체적으로는 '즐거운 생활'이 두드러지게 상승합니다. 반대로 그때까지 버티고 있던 '내 능력을 시험해 보고 싶다'와 '경제적으로 풍요로워지고 싶다'는 나란히 하강하지요.

2010년대에는 '경제적 풍요'가 부활해 상승세로 돌아섭니다. 또, 지금까지 굳이 언급하지 않았던 나머지 한 가지 '사회에 도움이 되고 싶다'는 1990년대까지는 쥐 죽은 듯 조용하다가, 2000년을 기점으로 서서히 상승해, 최근에는 약간 떨어지는 추세입니다. 여기서는 이 '사회에 도움이 되고 싶다'라는 항목을 조금 깊이 파헤쳐보려고 합니다.

그들의 사회 공헌이란 무엇을 가리키는가

착한 아이 증후군인 젊은이들에게 사회 공헌이란 무엇일까요? 이번에도 결론부터 말하겠습니다. 그것은 누군가가 '공헌할 무대'를 마련해 주면 하는 공헌을 의미합니다. 책임지는 누군가가 있어서 어려운 부분을 조정해 주고, 의사결정도 대신 해 주며, 나다움을 발휘할 상차림을 모두 해주고 나면 하는 것이 사회 공헌입니다. 게다가 일을 마친 후에는 '네가 있어 줘서 정말 다행이다. 항상 고맙다'라는 말을 듣는 것이 사회 공헌이지요.

반대로 자기가 먼저 무언가를 촉구하거나 결정하는 것이어서는 안 됩니다. 그것은 자의식이 높은 '저쪽 편'에 있는 사람들이나 하는 일입니다.

지금 이 부분을 읽은 여러분, 혹시 굳어버리셨나요? 이 장의 미션은 일을 대하는 요즘 젊은이들의 태도를 열심히 비꼬며 웃는 것입니다. 지금은 굳을 때가 아니고 웃을 때지요. 그래도 좀처럼 웃음이 안 나오는 분을 위해 여기서부터 한동안은 조금 진지하게 해설하겠습니다. 젊은이들이 생각하는 사회 공헌 개념이 왜 이런 식으로 변했나 초점을 맞춰 살펴보려고 합니다.

사실은 앞으로 언급할 필자의 독자적인 연구에 따르면 일본의 젊은이들은 다른 나라의 젊은이들과 비교했을 때 '사회 공헌 의욕'이 높습니다. 학술적으로 그 이유를 해명하려면 시간이 조금 더 걸릴 것 같지만, 지금까지의 식견과 데이터를 총동원해서 가설 정도는 제시할 수 있습니다.

제 가설은 '사회 공헌=가까운 사람들에게 인정받고자 하는 욕구가 향한 곳'이라는 방정식이 성립한다는 것입니다. 남들 눈에 띄는 노력은 부끄럽고, 경쟁도 좋아하지 않는 요즘 젊은이들은 자신의 인정 욕구를 채울 자리가 극단적으로 줄어들었습니다. 특히 현실 사회에서는 자신감이 없는 데다가 본래 칭찬을 받아야 마땅한 상황에서도 주위에서 어떻게 생각할지가 더 신경 쓰여서 쉽게 움직이지 못하지요.

그렇다고 인간으로서의 인정 욕구가 사라진 것은 아닙니다. 그래서 SNS의 '좋아요' 숫자에 집착하기도 하는데 그걸로 인정 욕구를 채울 수 있는 사람은 극소수의 인기인뿐입니다. 그러면 어디서 이 민감한 인정 욕구를 채울까요? 바로 사회 공헌입니다. 사회 공헌이라는 단어가 갖는 이미지는 착한 아이 증후군에 걸린 요즘 젊은이들에게는 편안합니다. 왜 그럴까요?

① '경제적 성공'처럼 악착스러운 느낌이 안 든다.

② 경쟁이 없다.

③ 평가받지 않는다, 우열이 없다.

④ 이름이 나오는 일이 없고, 익명성이 높다.

⑤ '무리하지 않고 할 수 있는 범위에서 하자'라는 느슨함이 있다.

⑥ 조건 없이 많은 사람에게 감사를 받는다.

⑦ 절대로 비판받을 일이 없다.

이상의 일곱 가지 조건을 갖추고 있기 때문입니다.

놀랄 만큼 강한 열등감

도표 6-3은 필자가 학생들에게 꼬치꼬치 물어서 집계한 결과입니다. 이 도표의 열 가지 항목 각각에 대해 '다른 사람과 비교했을 때 자신은 몇 점이라고 생각하나

도표 6-3 '다른 사람과 비교했을 때 자신은 몇 점이라고 생각하나요?'라는 질문에 대한 대학생의 응답 결과

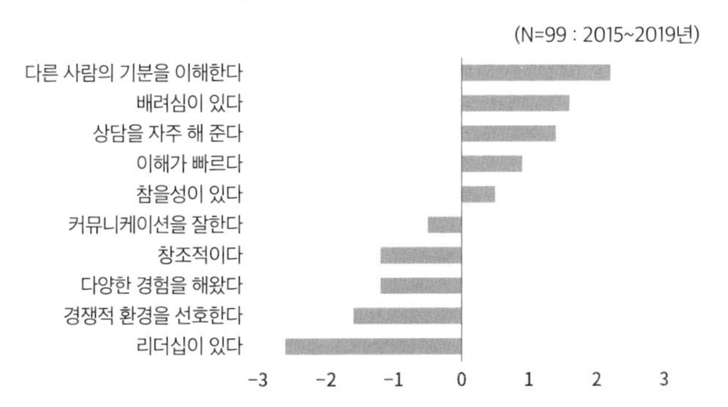

요?'라고 물어서 '매우 뒤떨어짐'은 - 5점, '매우 뛰어남'은 +5점 사이로 응답하게 했습니다. 도표에서는 평균적으로 '남보다 뒤떨어진다'라고 느끼는 항목을 왼쪽에, '남보다 뛰어나다'라고 느끼는 항목을 오른쪽에 뻗어 나가듯이 표현했습니다.

결론적으로 그들은 '내가 남보다 뛰어나다'라고 생각하는 항목으로 '다른 사람의 기분을 이해한다', '배려심이 있다', '상담을 자주 해 준다' 등을 골랐습니다. 저로서는 요즘 대학생이 그렇게 배려와 자비가 넘치는 집단이라는 생각은 도저히 들지 않지만 어디까지나 다른 사람과 비교한 자기 평가니까 그런 줄 알고 넘어가겠습니다.

한편, '리더십'은 극단적으로 낮았습니다. 일본에서는 상당히 오래전부터 리더십 역량의 결여가 사회 문제로 거론되고 있는데, 만일 젊은이들의 자기 평가가 실태를 그대로 반영하고 있다면 앞으로도 당분간 일본은 리더십 부족에 시달릴 것 같습니다.

밑에서 두 번째에 있는 '경쟁'에 관해서는 이미 이 책에서도 몇 번이나 거론한 대로이기 때문에 여기서는 설명을 생략하겠습니다. 다른 사람에 비해 자신은 경험을 많이 하지 못했다고 생각하는 대학생이 많다는 사실도 알 수 있습니다. 그들 식으로 말하자면 '주변에서는 이것저것 하는데, 나는 아무것도 안 한다'는 말이지요. 저도 이 말을 얼마나 자주 들었는지 모르겠습니다.

"그럼, 뭔가 하나라도 해 두면 좋을 걸 그랬네. 왜 아무것도 안 했어?"

"그게, 하고 싶은 게 없어서요……."

교수와 학생의 틀에 박힌 대화입니다. 이 대화는 이런 식으로 이어지지요.

"지금부터라도 전혀 늦지 않았어. 뭐라도 하면 되지 않을까?"

"할 자신이 없어요."

이쯤 되면 귀찮습니다. 하지만 그렇게 생각하면 안 되지요. 먼저 질문해 놓고 대답을 비판하는 건 최악입니다. 다양한 경험을 쌓고 싶지만, 그 과정이 두려워서 시작하지 못하는 마음도 알아주어야 합니다.

자신감은 없지만 사회 공헌은 하고 싶다

사람은 일반적으로 할 수 없는 일을 두고 '하고 싶다'라고 말하지 않습니다. 그럴 때는 '사실은 ○○하고 싶다'라거나 '사실은 ○○하고 싶었다'라는 식으로 말하지요. 지금 토론하고 있는 사회 공헌도 마찬가지여서 만약 자기가 못한다고 생각한다면 '사회 공헌을 하고 싶어요'라고는 말하지 못할 겁니다. 즉, 요즘 젊은이는 사회 공헌을 할 자신이 어느 정도는 있다는 뜻이 됩니다.

"이봐, 물론 정도의 차이는 있겠지만 사회 공헌은 사실 엄청 힘든 일이야."

사회인인 여러분은 이렇게 말하고 싶을지 모르지만, 꾹 참으면서 진행해 봅시다. 도표 6-3에서 점수가 높았던 항목을 다시 봐 주시기를 바랍니다.

요즘 젊은이는 자신에 대해 평균적으로는 '배려심이 있고 다른 사람의 기분을 이해하며, 그 결과 나름대로 다른 사람의 상담도 해주는 존재'라는 식으로 생각한다는 사실을 알았습니다.

'그건 훌륭하고 멋진 일이다'라고 느끼는 사람이 있는

가 하면 '자기를 좋게 생각하고 싶어서 그러는 거 아니야?'라고 받아들이는 사람도 있을지 모릅니다. 실제로 세상 사람의 90%는 '나는 평균보다 상냥한 편이다'라고 생각한다는 말도 있습니다.

젊은이에게 "라이벌과 정면 승부를 봐서 승리를 쟁취해야지", "주변은 신경 쓰지 말고 네 꿈을 좇아", "진짜 하고 싶은 일이 뭐야? 말해 봐"라는 식으로 말하면 아무런 울림도 주지 못합니다. '못 해', '무리야', '그런 건 왠지 나답지 않아'라고 생각할 뿐이지요.

이것도 아직 가설 단계이지만 아무래도 요즘 젊은이는 어떤 형태로 수치화되거나 다른 사람에게 평가받는 것에는 대개 자신감이 없습니다. 반대로 다른 사람과 비교할 수 없는 것, 자기 평가로 끝낼 수 있는 것에는 어느 정도 자신이 있는 것 같습니다. 그런 점에서 사회 공헌은 평가받지 않고, 우열도 정하지 않으니 참 좋지요.

노력 없이 좋은 사람이 되고 싶어

사회 공헌에 관한 이야기를 조금만 더 이어가 보겠습니다. 사회 공헌에 관한 조사를 하다가 흥미로운 데이터를 발견했기에 인용해 보려고 합니다. 사카구치 다카노리는 『잘 버는 사람은 편견을 버린다. 모두의 상식에서 벗어나 일본의 진실을 보는 스킬(稼ぐ人は思い込みを捨てる。みんなの常識から抜け出して日本の真実を見るスキル)』에서 봉사활동과 헌혈에 관한 두 가지 데이터를 소개합니다.

첫 번째는 리쿠르트 웍스 연구소의 '개인의 커리어를 풍요롭게 하는 기업의 사회 공헌 활동'에서 인용한 것으로, 요즘 세상에는 전반적으로 사회에 공헌하고 싶어 하는 사람이 늘고 있는 한편, 실제로 봉사 활동에 참여하는 비율은 미세한 증가세에 그치고 있다는 데이터입니다.

그래서 총무성 통계국 '사회생활 기본 조사'에서 봉사활동자 비율을 추적해 보았습니다. 당연히 수치 변동은 있지만 장기적으로 증가 경향을 보인다고 할 수 없다는 사실을 알았습니다. 사회 공헌은 하고 싶지만, 그게 봉사활동은 아니라는 걸까요?

도표 6-4 연령별 봉사활동 참가자 비율

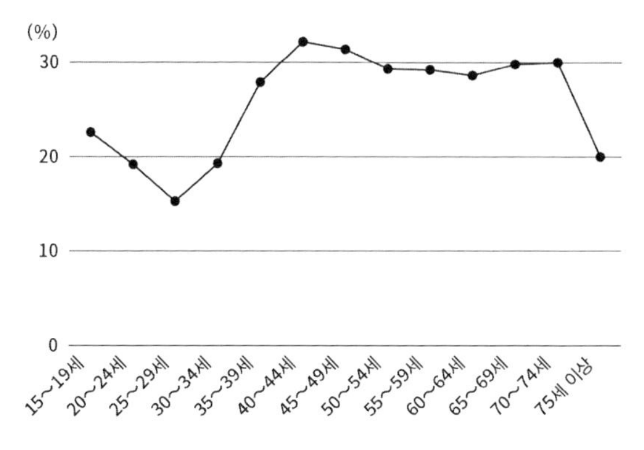

출처 : 총무성 통계국 '사회생활 기본 조사' (2017)

게다가 또 주목해야 할 것은 같은 '사회생활 기본 조사'에서 가져온 연령별 봉사활동 참가자 비율입니다. 이를 도표 6-4로 나타냈습니다. 40대에 절정에 달하는데, 20대의 활동률은 눈에 띄게 낮습니다. 놀랍게도 75세 이상보다도 낮습니다. 10대는 부모님을 따라가거나 학교 행사 등으로 참가하는 일도 많기 때문에 이들의 활동은 모두 본인의 의지로 한 활동이라고 보기는 어렵습니다. 이 결과는 아무래도 이상합니다. 사회 공헌을 하

도표 6-5 연령별 헌혈자 수의 시간 변화

출처 : 후생노동성 '연령별 헌혈자 수와 헌혈량 추이'

고 싶다면 봉사활동이 최적인데, 20대가 75세 이상보다 아래라니 무슨 일일까요?

두 번째 데이터는 더욱 흥미롭습니다. 사회 공헌 가운데는 헌혈도 있습니다. 젊은 사람은 회복도 빠르고, 무엇보다 헌혈은 생명과 직결됩니다. 여기서 후생노동성의 '연령별 헌혈자 수와 헌혈량 추이'를 읽어보았습니다. 매우 흥미로워서 지면을 할애해 2개의 그래프로 만들었습니다. 도표 6-5는 연령별 헌혈자 수의 변화를 시간 순서로 살펴본 것입니다.

이에 따르면 2000년 무렵에는 20대가 압도적으로 많고, 이어서 30대가 많습니다. 하지만 2010년쯤부터 젊은이와 중장년이 역전되어, 지금은 50대 이상이 가장 많고, 증가 경향도 강합니다. 불과 20년도 안 되었는데 놀랄 만한 변화입니다. 다만 기초가 되는 세대별 인구 구성 자체가 변했다는 사실도 고려해야 합니다. 20대의 헌혈자 수가 적어진 것은 단순히 20대 인구가 줄었기 때문은 아닐까요?

그래서 도표 6-6에서는 헌혈자 수를 세대별 인구로 나눠봤습니다. 비교하기 쉽도록 2000년과 2019년을 나란히 나타냈습니다. 그랬더니 역시 2000년 무렵에는 동(同) 세대 인구 비율로 봐도 젊은이의 헌혈 비율은 높았다는 사실을 알 수 있습니다. 20년 전에는 젊은이의 헌혈 비중이 확실히 높았던 것입니다.

그런데 2019년의 주 헌혈 세대는 40대이고, 20대와 50세 이상 세대의 헌혈 비율은 거의 같습니다. 이와 같은 결과를 바탕으로 사카구치 씨는 '일본인의 의식은 지원자와 비 지원자의 관계성을 바로 확인할 수 있는 지

도표 6-6 연령별 헌혈자 수의 동 세대 인구에서 차지하는 비율(2000년과 2019년 비교)

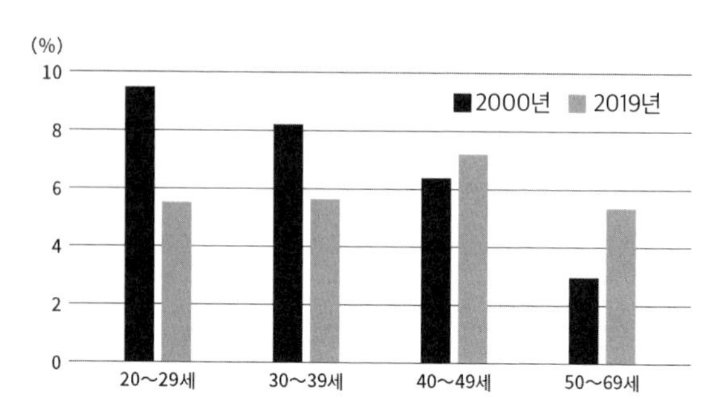

출처 : 후생노동성 '연령별 헌혈자 수와 헌혈량 추이'

원으로 이행하고 있다. 자신을 중심으로 한 자신의 보람이라는 알기 쉬운 관계성을 추구한다'라고 총괄합니다. 전적으로 동감합니다. 게다가 데이터로 미루어 보아 이 말은 특히 젊은이에게 해당하는 것 같습니다.

이 책에서는 지금까지 눈에 띄기 싫고, 평등 의식이 강하며, 스스로 결정하지 못하고, 항상 자신이 붕 떠 있을까 걱정하는 젊은이 상을 묘사해 왔습니다. 그런데 이들은 이런 속성에 버금가는 형태로, 혹은 이것들의 본질로서 자신이 없고, 평가를 싫어하며, 특히 평가받는 것에 대한 두려움이 강할 가능성이 있습니다.

사회 공헌은 그런 기질을 가진 젊은이에게 딱 맞는 개념입니다. 상대가 원해서 하는 일이기에 비판이나 평가를 받지 않고, 스스로 결정할 필요도 없습니다.

그리고 무엇보다 '내가 하고 싶어서 하는' 상황과는 정반대에 위치한다는 점이 중요합니다. 따라서 주체적으로 참가하는 자원봉사는 그들에게는 사회 공헌이 아닙니다.

"직접 부탁하면 얼마든지 하겠지만요."

학생과 대화하면서 여러 번 들은 말입니다. 부탁받으면 할 거라는 사실을 알기에 '나는 남보다 상냥하다'라는 자기 평가를 하는 것이지요. 진짜 상냥함은 그런 게 아닌데 말입니다.

제7장

저한테는 그런 능력이 없어서요

자신감이 지나치게 낮은 젊은이들

결정적으로 낮은 자기 긍정감과 유능감

지금까지 한 이야기를 간단하게 돌아보겠습니다. 튀고 싶지 않아 하는 젊은이의 심리부터 시작해서 평등분배를 이상으로 삼는 궁극의 평등주의, 먼저 제안하는 것도 싫어하고, 자기가 결정하는 것도 싫어하며 무리에서 붕 뜰까 봐 걱정하는 모습, 그리고 오늘날의 취업 활동 모습을 슬쩍 엿본 뒤, 개성과 능력을 살린 사회 공헌이라는 측면에서 젊은이들의 직업관까지 살펴봤지요.

그런데 그들이 '왜 그런 언동을 하는가?' 혹은 '왜 그런 식으로 느끼는가?' 같은 의문에 대해서는 군데군데 가볍게 다루기만 했을 뿐, 지면을 할애해 정리하고 해설하지는 않았습니다. 어째서 가능한 여러 명 중 하나로 묻어가고 싶다고 생각할 만큼 눈에 띄고 싶어 하지 않을까요? 어째서 스스로 결정하지 못할까요? 어째서 보험에 보험을 거는 인간관계를 형성하고 마는 걸까요? 어째서 정신적으로 안정된 일과 직장을 가장 우선시하는 걸까요?

실은 이것들은 모두 어떤 심리가 작용한 결과일 가능성이 있습니다. 바로 자신감이 없는 것이지요. 먼저 간단한 설문조사 결과를 봐 주시기를 바랍니다. 도표 7-1은 다양한 상황에서 저와 대화할 기회가 있었던 대학생들을 통해 꾸준히 모은 데이터입니다. 사전 정보를 별로 주지 않은 상태에서 아홉 가지 항목에 대해 각각 10점 만점으로 자기 평가를 하게 했습니다.

이 10점 평가법은 미국 유학 시절, 복통으로 병원에 갔을 때 의사가 "지금 느끼는 통증은 10점 만점에 몇 점 정돈가요?"라고 물었던 것이 재미있어서 저도 도입한 방법인데, 실제로 해 보니 정말 흥미롭습니다. 가장 흥

도표 7-1 대학생의 자기 평가 결과 평균치

(2014~2019년)

미를 끌었던 점은 대상 학생의 표면적인 상태와는 별로 상관없는 결과가 나왔다는 사실입니다. 즉, 비교적 확실하게 마음속에 있는 본질이 드러납니다.

학력을 예로 들어보겠습니다. 대학마다 입시 난이도는 공표되어 있고, 시험을 치렀기에 자신의 상대적인 학력은 잘 알고 있을 겁니다. 입학한 뒤에도 성적을 보면 자신이 어느 정도 수준인지 일목요연하게 알 수 있지요.

그런데도 학력에 대한 10단계 자기 평가는 대학 간, 혹은 개인 간 성적 차이에 큰 영향을 받지 않습니다. 그리고 학력에 대한 자기 평가는 보시다시피 그다지 높지 않습니다.

참고로 '학력'보다 더욱 낮은 두 가지 항목은 '적극성'과 '자기긍정감'입니다. 그 밖에도 평균이 5보다 낮은 항목으로는 '자립심'과 '커뮤니케이션 능력'이 있습니다. 한편, 자기 평가가 가장 높았던 항목은 '상냥함·배려심'이었고, '지속력'과 '인내력'이 그 뒤를 이었습니다.

즉, 요즘 대학생은 자신을 평균적으로 다음과 같이 생각한다는 뜻입니다.

상냥함이 넘치고, 타인에 대한 배려심이 있으며
그럭저럭 끈기와 참을성을 가지고 있지만
똑똑함이나 커뮤니케이션 능력은 조금 애매하고
스스로 적극적으로 무언가를 하는 일은 별로 없으며
결정적으로 자신감이 없다.

여기에 제가 대학생을 대상으로 '당신이 무언가에 도전하려고 할 때, 주저하게 되는 요인은 무엇입니까?'라고 물은 설문조사에 따르면(도표 7-2) '내 능력으로는 할

도표 7-2 대학생·대학원생의 도전을 방해하는 요인

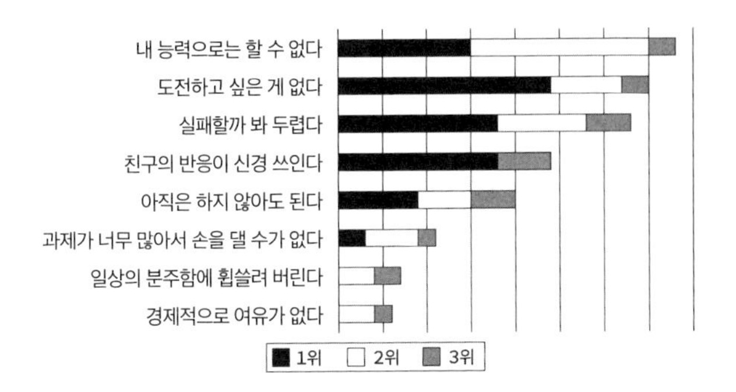

수 없다'가 가장 상위를 차지했습니다. 이와 관련 있는 항목으로 '실패할까 봐 두렵다' 역시 3위를 차지한 걸 보니 요즘 젊은이들의 자신 없음이 여기서도 부각되고 있는 것 같습니다. 또, 4위 '친구의 반응이 신경 쓰인다'를 통해 새로운 일에 도전하지 못하는 모습이 착한 아이 증후군에 걸린 젊은이들을 너무나도 잘 반영하고 있습니다.

앙트러프러너십 기질이 부족한 사람들

'앙트러프러너십(entrepreneurship)'이라는 단어를 들어 보셨나요? 보통 '기업가 정신'이라고 번역하는데 일본에서는 일반적으로 벤처기업을 설립하는 등의 사업가 기질을 가리킵니다. 다만, 오늘날에는 사업을 시작하는 사람뿐 아니라 새로운 상품이나 비즈니스 창출에 의욕적이고, 리스크가 있더라도 적극적으로 도전하는 자세 전반을 뜻합니다. 따라서 앙트러프러너십은 기업과 정부, 자치단체, 대학 등 어디에나 존재할 수 있고, 요구되는 자질입니다.

진취적인 기질의 앙트러프러너는 세계 경제의 주요 원동력으로 간주됩니다. 따라서 전 세계에서 앙트러프러너십 육성을 위한 시책을 만들기 위해 노력하고 있습니다. 특히 도전 의욕이 부족한 편인 아시아 국가에서 앙트러프러너십 조성은 필수 불가결합니다. 그렇기 때문에 지금까지 정부는 국가적인 차원에서 앙트러프러너십에 관한 시스템과 제도 마련을 위해 다양한 과제를 검토하고, 빠른 속도로 개선해 왔습니다.

그런데도 일본의 앙트러프러너십은 여전히 세계 주요국에 비해 미약합니다. GEM(Global Entrepreneurship Monitor)이라고 불리는 세계 각국의 앙트러프러너십 레벨을 비교하는 국제 조사에 따르면 일본의 Entrepreneurial Intentions Rate(기업 의욕) 점수는 4.98(2018년)로, 세계 평균인 23.68과 아시아 평균인 25.90에 비해 말도 안 되게 낮습니다.

대학에서도 2000년대 이후 다양한 교육 프로그램을 마련하며 노력해 왔습니다. 이런 노력을 하고 있는데도 일본의 앙트러프러너십이 확대·육성되지 않는 이유는 무엇일까요? 저는 제도나 시스템 등 외적 환경의 문제보다 기질적인 문제에 집중하여 연구를 진행해 왔습니다. 몇 가지 학술적 연구 결과를 인용하면서 세계적인 관점에서 '일본의 젊은이가 얼마나 도전 정신이 부족한가'와 그 원인이 되는 낮은 자신감에 관해 살펴봅시다.

먼저 간단히 앙트러프러너십의 강도를 국제적으로 비교해 보겠습니다. 도표 7-3은 대학생 및 대학원생의 창업 의욕 정도를 7단계로 물은 결과입니다. 일본 외의 데이터는 모두 대학생이며 일본은 대학원생 데이터도

병기했습니다.

도표 7-3 학생의 앙트러프러너십 강도

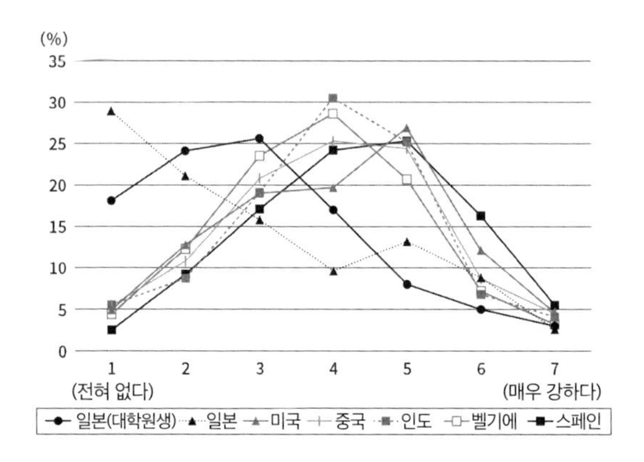

출처 : Kanama, 2020

얼핏 보아도 알 수 있듯이 일본 외의 5개국의 결과는 거의 비슷하고, 3에서 5 사이에 대다수가 머물렀습니다. 이에 반해 일본인 학생의 창업 의욕은 현저하게 낮습니다. 특히 일본 대학생의 창업 의욕이 눈에 띄게 낮지요.

뛰어난 그들이 가지지 못한 역량

그러면 세계의 젊은이가 리스크를 감수하더라도 도전하는 때는 언제일까요? 도표 7-4는 동기를 부여하는 항목을 가로축으로 잡고, 각각 5단계로 점수를 매기게

도표 7-4 학생이 앙트러프러너십을 발휘할 때의 주요 동기

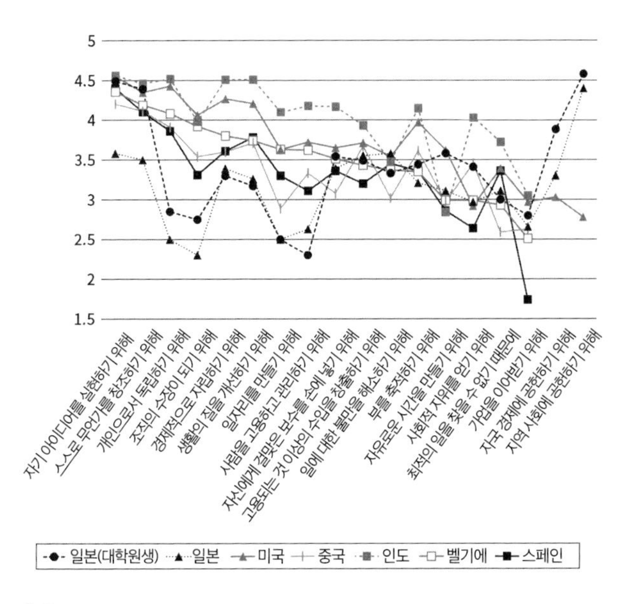

출처 : Kanama, 2020

한 결과입니다. 일본 외의 다섯 개 국가의 결과를 보면 일부 항목에서 다른 경향을 보이는 나라가 있기는 하지만, 전체적으로 비슷한 경향을 보입니다. 이를 바탕으로 해석한 포인트는 두 가지입니다.

먼저 일본은 다른 나라와 비교해서 다음 네 항목, '개인으로서 독립하기 위해', '조직의 수장이 되기 위해', '일자리를 만들기 위해', '사람을 고용하고 관리하기 위해'의 지수가 현저하게 낮습니다. 이러한 항목의 공통점은 리더십 발휘나 독립으로 이어진다는 점인데, 일본인은 그 부분이 약합니다.

두 번째 포인트는 그림 오른쪽 끝의 두 가지 항목 '자국 경제에 공헌하기 위해', '지역 사회에 공헌하기 위해'입니다. 이 두 가지는 필자가 독자적으로 작성해서 미국 대학에 협조를 구했기 때문에 미국과 일본만 비교할 수 있게 되어 있습니다. 이 두 항목을 추가한 이유는 이런 항목이 일본에서는 높은 점수를 얻을 거라 예상했기 때문입니다. 예상은 적중했습니다. 특히 '지역 사회에 공헌하기 위해'라는 항목에서 높은 수치를 나타냈습니다. 이유는 앞 장에서 논한 바와 같습니다.

도표 7-5 학생이 앙트러프러너십을 발휘하려고 할 때의 장벽

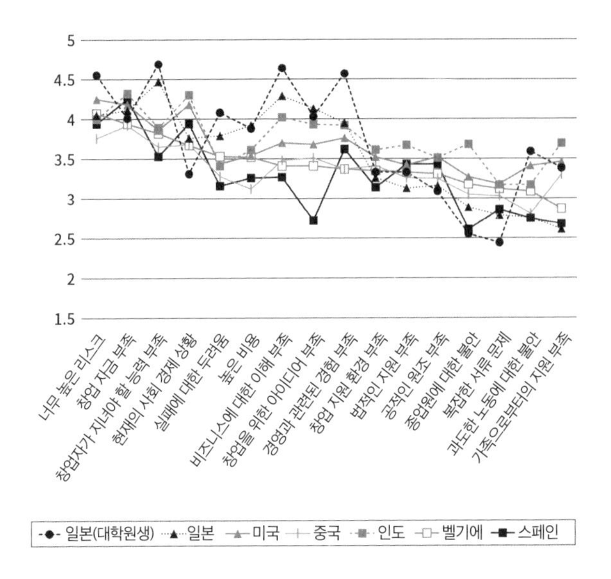

출처 : Kanama, 2020

도표 7-5 역시 강조하고 싶은 데이터입니다. 학생이 도전 정신을 발휘할 때 장벽이라고 느끼는 항목을 수치화한 결과입니다. 지수가 높을수록 그 항목에 대해 강한 장벽을 느끼고 있다는 뜻이 됩니다. 여기서 강조하고 싶은 것은 단 한 가지입니다.

그것은 바로 일본인, 특히 대학원생이 장벽이라고 강하게 느끼고 있는 세 가지 항목인 '창업자가 지녀야 할 능력 부족', '비즈니스에 관한 이해 부족', '경영에 관한 경험 부족'입니다. 이것들은 외국 여러 나라와 비교했을 때도 높은 수치이며, 또 아이러니하게도 대학원생이 대학생보다 높습니다.

저는 이를 일본 대학생·대학원생의 '부족 삼 형제'라고 부릅니다. '부족'이라고 해서 자금 부족이나 아이디어 부족, 지원 부족이 아닙니다. 그런 항목은 다른 나라와 큰 차이가 없으니까요.

일본 대학생이 부족하다고 생각하는 것은 모두 자기 자신에 대한 것입니다. '나는 능력이 없고, 비즈니스 지식이 없다. 그래서 경험이 없다'라고 생각하지요.

일본 대학생만이 통계적으로 의미가 있을 만큼 공부를 하지 않는 것은 아닙니다. 오히려 적어도 고등학교를 졸업할 때까지는 다른 나라 학생보다 열심히 공부합니다. 즉, 이 '능력이 없다', '지식이 없다', '경험이 없다'라고 하는 부족 삼 형제는 어떤 사실이나 객관적인 데이터에 바탕을 둔 것이 아닌, 젊은이들의 주관적 인지의 문제인 것

갈습니다. 애초에 대학생보다 대학원생이 능력도, 지식도, 경험도 없다는 건 일반적으로 생각해도 모순되지요.

준비하면 준비할수록 불안해지는 사람들

여기서 앞에 잠깐 등장했던 GEM이라 불리는 국제 비교 조사 결과를 분석한 연구자들이 매우 흥미로운 보고를 했기에 소개합니다. 다시 설명하자면 GEM이란 주요 각국의 앙트러프러너십을 공통 계측하기 위해 1999년 만든 국제 조사 프로젝트로 현재는 70개국 이상이 어떤 형태로든 참가하고 있습니다. 일본도 참가하고 있으며 Honjo(2015), 다카하시 외 연구진(2013), 스즈키(2013)가 상당히 재미있는 분석 결과를 제시했습니다. 단, 이 분석은 젊은이만을 대상으로 한 것이 아니기에 주의해야 합니다.

그들은 이 연구에서 종합 기업 활동 지수(TEA : Total early-stage Entrepreneurship Activity)라는 지수를 사용해 분석하고 있는데, 조금 복잡하기 때문에 이 책에서는 '앙트러프러너십 레벨'이라고 하겠습니다. 그 세계 비교 결과가 도표 7-6입니다. 일본의 결과는 보시다시피 씁쓸합니다.

도표 7-6 세계 각국의 앙트러프러너십 레벨

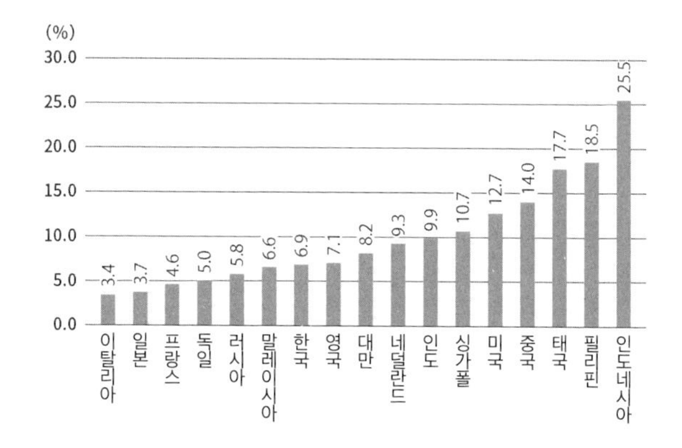

출처 : Global Entrepreneurship Monitor: GEM 2017/18 Global Report (2018)

하지만 흥미로운 부분은 지금부터입니다. 그들의 연구에서는 네 가지 지수(①인적 네트워크, ②새로운 사업 기회에 대한 안테나, ③지식·능력·경험의 자기 인식, ④실패에 대한 위협)에 대해 주요 선진국 7개국과 비교한 결과를 보고하고 있습니다.

네 가지 지수 가운데 앞의 세 가지와 TEA 사이에는 정비례 관계가 성립하고, 이는 일본을 포함한 모든 나라가 그렇습니다. 다시 말해서 ①, ②, ③이 높은 사람일수록 앙트러프러너십 레벨도 높다는 말입니다. 이상을 바탕으로 다카하시(2013)는 일본의 특징을 다음과 같이 분석합니다.

- ①, ②, ③ 모두 '없음'이라고 답한 응답자 비율이 다른 나라에 비해 높고, 또 그들의 앙트러프러너십 레벨은 다른 나라보다 낮은 경향을 보인다.
- ①, ②, ③ 모두 '있음'이라고 답한 그룹의 앙트러프러너십 레벨은 다른 나라 수준 혹은 다소 높은 경향을 보인다.

일본 전체의 앙트러프러너십 레벨이 낮아진 것은 인적 네트워크나 새로운 사업 기회에 대한 안테나, 지식·능력·경험의 자기 인식 등이 낮은 사람들이 다른 나라에 비해 많고, 그 사람들이 전체의 평균치를 떨어뜨리고 있기 때문이며, 반대로 이러한 인식에 대해 '있음'이라고 응답한 사람들은 선진국과 동등하거나 그 이상의 앙트러프러너십 레벨이 있다고 분석합니다.

또 한 가지, 일본 특유의 흥미로운 결과가 있습니다. 나머지 지표인 ④실패에 대한 위협과 앙트러프러너십 레벨 사이에는 반비례 관계가 있다는 사실이 분명해졌습니다. 요컨대 실패를 두려워하는 사람은 앙트러프러너가 될 수 없다는 뜻으로 직감적으로도 쉽게 알 수 있고, 나라에 따른 차이도 없습니다.

흥미로운 발견은 여기서부터인데 그것은 바로 '③지식·능력·경험의 자기 인식'과 '④실패에 대한 위협'의 관계입니다. 보통 '새로운 비즈니스를 시작하기 위해 필요한 지식·능력·경험을 가지고 있다'라고 인식하면 실패에 대한 위협이 줄어드는 효과가 있습니다. '준비하면 두려워할 것이 없다'라는 격언처럼 말입니다. 실제로 많은 나라에서 그러한 경향이 나타납니다. 일본의 격언이 세계 표준으로 인정받는 순간입니다.

그런데 웬일인지 일본만은 '지식·능력·경험의 자기 인식이 높은 사람들이 오히려 실패에 강한 위협을 느낀다'라는 사실이 밝혀졌습니다. 반대로 지식이나 능력이 낮다고 인식하는 사람일수록 실패를 두려워하지 않는 경향이 있습니다. 객관적으로 봤을 때, 이는 매우 이상한 현상입니다. 일본의 격언이 일본인에게만 통하지 않고 있으니 말입니다. 바꿔 말하자면 '준비하면 준비할수록 두려운' 일본인이라니, 대체 뭘 위해서 준비하는 걸까요?

제8장

지시를 기다린 것 뿐인데요

학벌주의와 연줄 지향

시키는 일만 하겠습니다만

3장에서 예제를 제시하지 않으면 상대가 아무리 멋지고 유쾌한 상사여도 움직이지 않는 젊은이들을 소개했는데, 반대로 명확한 지시를 했을 때의 모습은 180도로 달라집니다. 상사인 당신이 "급하게 부탁해서 미안하지만, 요즘 젊은이들의 SNS 사용 빈도에 관해 간단하게 PPT 로 정리해 줬으면 해요. 자세한 건 이 리포트를 참고하면 됩니다"라고 부탁했다고 해봅시다.

'자세한 건 이 리포트를 참고하면 된다'라는 한마디가

결정적 역할을 합니다. 이상하게 들릴지 모르지만 착한 아이 증후군은 지시에 대한 모티베이션이 기본적으로 높습니다. 그들은 알겠다고 답한 뒤 곧장 업무에 착수합니다. PPT의 완성도는 개인 능력에 따라서 다르겠지요. 졸업 논문을 쓰며 훈련을 얼마나 했느냐에 따라서도 다를 겁니다. 어찌 되었든 자세만큼은 적극적입니다.

이때 그들 안에서 기동하는 지령 가운데 하나는 공헌 욕구(제가 만들어낸 단어입니다)입니다. 자신감이 없고, 자기 긍정감이 낮을 때 작동하는 몹시 높은 인정 욕구의 일종이 바로 공헌 욕구입니다. 상사는 누구나 할 수 있는 일을 부탁한 것뿐인데 '특별히 부탁받았다', '나는 공헌하고 있다'라고 받아들이는 젊은이도 적지 않습니다. 따라서 그들을 대할 때는 지시를 어떻게 내리느냐가 매우 중요한데, 일단 구체적일수록 좋습니다.

상사로서는 지시 안에 가능한 한 자율성을 남겨두고 싶을 겁니다. 그렇게 해야 스스로 생각할 여지가 많아지기 때문입니다. 상사는 부하 직원이 스스로 생각하기를 바랍니다. 하지만 지시를 애매하게 하면 부하 직원의 모티베이션이 떨어지고, 반응도 급속하게 흐리멍덩해집니다.

여기서 흥미로운 데이터를 소개하겠습니다. 조금 오래되었지만 2014년 리쿠르트 웍스 연구소가 실시하고, 2017년 공표한 '젊은 사원 실태 조사 2014'의 결과입니다. 수도권의 대졸 이상 회사원 655명에게 물었는데, 응답자의 속성 가운데 하나로 30~40대 관리직(325명)을

도표 8-1 20대 대졸 정사원에 대한 30~40대 관리직의 평가와 20대 대졸 정사원의 자기 평가

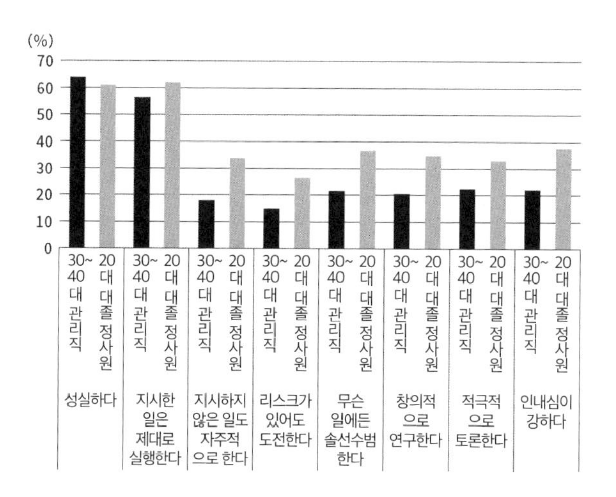

출처 : 리쿠르트 웍스 연구소 '젊은 사원의 실태 조사'(2017)

설정했다는 점이 흥미롭습니다. 관리직이라고 하면 더 나이가 많은 50~60대를 상상하는 사람이 많겠지만, 여기서는 30~40대를 대상으로 했습니다. 관리직이라고는 하지만 일본에서는 아직 젊은 축이라 불리는 세대입니다.

이 조사는 '여러 회사에 있는 20대 대졸 정사원(245명)'에 관한 평가를 알기 위한 취지에서 실시했습니다. 총 29개의 설문을 준비했는데, 그 가운데 여덟 개를 도표 8-1로 보여드리겠습니다.

흥미로운 첫 번째 포인트는 20대 대졸 사원은 성실하고, 지시받은 일을 제대로 한다고 자타 모두 인정한다는 사실입니다. 그리고 두 번째 포인트는 '지시하지 않은 일도 어느 정도 자주적으로', '무슨 일에든 솔선수범해서', '인내심 강하게', '창의적으로 연구'한다고 젊은이만 생각한다는 사실입니다. 착한 아이 증후군에 걸린 이 젊은이들을 어떻게 하면 좋을까요?

어찌 되었든 여기서 떠오르는 건 역시 '지시를 기다리는' 전형적인 모습입니다. 이 장에서는 '젊은이는 왜 지시 기다리기를 선택하는가'에 대해서 파고 들어가 봅시다. 그 전에 한 가지 말해 두고 싶은 것이 있습니다. 요즘 시대에 마냥 지시만 기다리는 것은 매우 사치스러운 일이라는 사실입니다.

지시 기다리기란 결국 '정답을 가르쳐주기를 기다리는' 상태를 의미합니다. 즉, 지시를 내리는 쪽이 정답을 알고 있을 때 비로소 성립하지요. 조금이라도 미지의 요소가 얽히면 정답을 가르쳐줄 수 없게 됩니다. 따라서 지시 내용은 미지의 비율이 늘어나면 애매해질 수밖에 없습니다. 따라서 요즘 세상에 명확한 지시가 내려오기를 기다릴 수 있는 것은 극소수의 축복받은 환경뿐입니다. 이런 사실을 젊은이는 이해하지 못하지요. 그리고 그들은 회사에 대한 불만을 자주 늘어놓고는 합니다.

'뭘 하면 좋을지 애매해서 잘 모르겠다.'

'언제까지 어떤 지식과 스킬을 익혀두면 좋을지 전혀 알려주지 않는다.'

많은 젊은이가 고등학교나 대학 입시, 혹은 자격 취득처럼 업무에도 어떤 가이드라인이나 매뉴얼이 있다고 생각하는 경향이 있습니다. 일을 잘하게 된다는 것은 매뉴얼적 지식이나 스킬을 익히는 것이라고 생각하는 젊은이도 적지 않습니다.

따라서 매뉴얼이 없는 회사, 연수가 없는 회사, 선배가 아무것도 가르쳐주지 않는 회사, '모르는 게 있으면 물어 봐'라고 말하는 불합리한 직장 상사가 있는 회사는 대체로 좋지 않은 회사라고 생각하지요. 회사 설명회에서 연수 제도에 관한 질문만 하는 데에는 이런 이유도 있습니다.

갈수록 강해지는 보수적 안정 지향

노무라 종합 연구소(NRI)는 1997년부터 3년마다 가치관과 인간관계 등에 관한 대규모 설문조사를 실시하고 있습니다. 전국에서 무작위로 고른 1만 명에게 질문하는데, 10대부터 70대까지 폭넓은 세대의 데이터를 얻습니다.

여기서부터는 이 'NRI의 생활자 1만 명 설문조사' 결과 일부를 빌려서 논의를 진행하겠습니다. 특히 흥미로운 데이터 가운데 하나가 세월에 따른 생활 가치관의 변화입니다.

도표 8-2 2000년부터 2018년에 걸친 생활 가치관의 변화

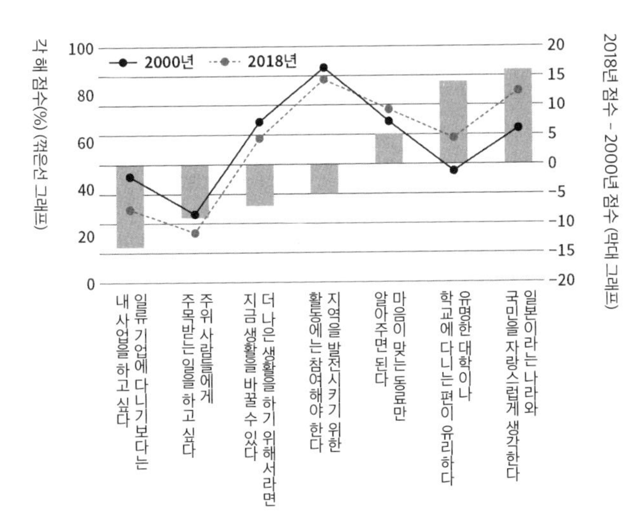

출처 : 노무라 종합 연구소 『일본 소비자는 무슨 생각을 할까?』(2019)

도표 8-2의 꺾은선 그래프는 2000년부터 2018년에 걸쳐 가로축의 각 항목에 대해 '그렇다', '굳이 고르자면 그렇다'라고 답한 비율의 합계를 나타냅니다. 세로 기둥

이 아래쪽으로 뻗어있을수록 2000년 쪽이 '그렇다', '굳이 고르자면 그렇다'라고 대답한 비율이 높았다는 사실을 보여줍니다.

주목했으면 하는 것은 제일 왼쪽 두 가지입니다. '일류 기업에 다니기보다 내 사업을 하고 싶다'는 14포인트 떨어졌고, '주위 사람들에게 주목받는 일을 하고 싶다'는 18년 사이에 8포인트 떨어졌습니다. 이 항목들은 원래 포인트가 낮았음에도 불구하고, 이만큼이나 더 떨어진 것이지요.

이들 항목에 대해 연도별로 나타낸 것이 도표 8-3입니다. 보시다시피 '내 사업을 하고 싶다'는 연령이 내려감에 따라서 점수도 크게 떨어지고 있습니다. '어떤 일이든 내 생각을 바탕으로 판단하고 싶다'는 전체적으로 점수가 높지만, 역시 해마다 떨어지는 경향이 있습니다. 일본인은 전체적으로 도전하거나 자기 주장하기를 점점 피하고 있습니다. 마치 온 국민이 지시를 기다리는 것처럼 말이지요.

도표 8-3 '내 사업을 하고 싶다' 등의 세대별 점수

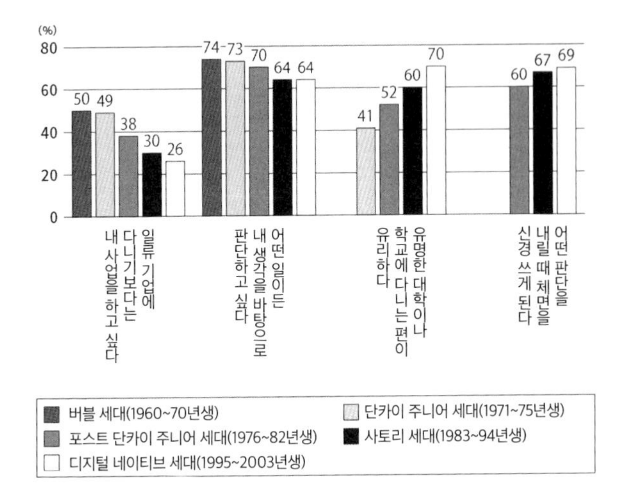

출처 : 노무라 종합 연구소 『일본 소비자는 무슨 생각을 할까?』(2019)

인턴십은 '기득권 쟁취' 수단

'최근 인턴십 참가 학생 수가 급증하고 있다. 적극적으로 자신을 시험하고 성장하려는 의지가 드러나고 있지 않은가.'

하긴 숫자를 액면 그대로 받아들이면 그렇게 생각할

수 있습니다. 진심으로 자기 성장을 바라는 마음에서 인턴십에 참가하는 학생도 적지 않지요. 특히 벤처기업 인턴십은 의욕적인 학생을 불러 모읍니다. 사장을 비롯한 창업 멤버와 직접 마주하며 비즈니스에 대한 생각을 배울 수 있다는 장점 덕분이지요.

하지만 대기업을 비롯한 다른 많은 인턴십은 어떨까요? 여러분 회사에 찾아온 인턴십 참가자에게서 적극적으로 자신을 시험하고 성장하려는 의지가 보이나요? 그렇다고 대답했다면 그건 착각일지도 모릅니다. 몇 번이나 말하지만 착한 아이 증후군에 걸린 요즘 젊은이는 겉모습을 꾸미는 데 가히 천재적입니다.

그렇다면 왜 인턴십에 참가할까요? 자기 성장 외에 어떤 목적이 있을까요? 정답은 기득권을 중요하게 생각하는 수비 지향에 있습니다. 많은 학생을 인턴십으로 향하게 하는 가장 큰 동기는 '신입사원은 인턴십 참가자로 거의 채워지는 것 같다'라는 정보와 그 정보가 자아내는 강박 관념에 있습니다.

단도직입적으로 다시 말하겠습니다. 인턴십은 그야말로 기득권 획득을 위한 수단이 되었습니다. 본래 인턴십은 글자 그대로 취업 체험이며, 하고 싶은 사람만 하면 됩니다. 사실 기업에도 상당한 부담이 되지요. 표면적으로 인턴십은 취업 활동과는 별개로 기업과 학생, 쌍방의 성장 기회입니다.

그런데 지금은 인턴십에 참가하는 대학생 비율이 80%에 달합니다. 그 가운데는 공무원이 1지망인 학생도 다수 포함되어 있습니다. 모두 '면접에 유리하다더라'라는 소문 때문입니다. 본 채용 시험에서 '왜 인턴십에 참가하지 않았나요?'라는 질문을 받지 않기 위해서지요.

내향 지향의 올바른 해석

관련 서적 및 뉴스 보도에서 말하는 내용을 바탕으로 요즘 젊은이들에 대해 정리하자면 다음과 같습니다.

- 요즘 젊은이는 경제 성장이 멈춘 후에 태어났기 때문에 도전이 성장으로 이어지는 과정을 실감하지 못한다.

- 불경기가 이어지면서 격차가 벌어졌기 때문에 단 한 번의 실패와 추락도 몹시 두려워하게 되었다.
- 어려서부터 폐업, 실업, 명예퇴직 같은 사회 현상을 목격했기 때문에, 일찍부터 기득권을 쟁취하는 일의 중요성을 알게 되었다.

첫 번째에 쓰여 있는 내용은 객관적인 사실입니다. '잃어버린 ○○년(1980년 이후 일본 경제의 장기 불황 기간을 일컫는 말—역자 주)'이라는 표현을 들은 적이 있겠지만, 사실 2021년은 '잃어버린 30년'을 맞이하는 해입니다. 거품 붕괴는 1991년에 시작되었으며 이 시점부터 경제 성장은 거의 멈추고 말았습니다.

두 번째와 세 번째의 일부는 제 해석과도 가까운 부분이 있지만 어쩐지 위화감이 남습니다. 위화감의 가장 큰 원인은 이와 같은 일본의 상황을 젊은이들이 정확하게 이해하고 있다는 것을 전제로 하고 있다는 데 있습니다. 사실 일본 경제 성장 저해 문제를 인식하는 것은 일부 기성세대 한정입니다. 아무래도 이 해석은 젊은이론에 끼워 맞추고 있는 것 같은 느낌입니다.

부모의 생각은 성장기 아이에게 절대적인 영향을 줍니다. 따라서 저의 해석은 이렇습니다. '도전이 성장으로 이어진다는 사실을 실감하지 못하는 것은 어른이며 한번 실패하면 다시 올라가지 못한다고 생각하는 것도 어른이고, 기득권 신봉자 역시 어른이다.'

부모가 아이에게 그러하듯 기득권의 생각 역시 젊은 층에게 영향을 미칠 수밖에 없습니다. 그런 인과응보를 선반에 올려놓고 "요즘 젊은이들은 패기가 없어서 안 된다니까"라고 말하는 상황이 제 눈에는 우습기까지 합니다. 요즘의 젊은이들이 유난스러운 것처럼 내내 이야기를 했지만 실은 특별할 것도 없습니다. 젊은이들은 지난 30년간 일본 어른들이 해온 일을 복사하고 있는 것뿐이니까요.

시키는 일만 하는 직원은 필요 없습니다만

몇 년 전 코로나 바이러스와 전쟁을 치르면서 '이제 예전과 완전히 똑같은 사회로 돌아갈 수는 없다'라고 느끼는 사람도 많을 겁니다. 업무나 오피스 환경도 크게 변했습니다. 재택근무로의 급속한 이행은 일하는 장소를 바꿨을 뿐 아니라 업무 내용과 조직의 형태에까지 변화를 몰고 왔습니다.

먼저 업무의 모듈화가 진행되었습니다. 이전과 달리 무슨 일이 생기면 머리를 맞대고 조정할 수 없어졌기 때문에 관리자는 상세하게 업무를 설계하도록 요구받게 되었습니다. 직원들 사이의 연대감과 조직에 대한 귀속 의식도 달라졌습니다. 원격화된 사회에서 일부 직원의 귀속 의식이 떨어지는 것은 어쩌면 당연한 일이겠지요. 반대로 직장 환경, 특히 인간관계에서 어려움을 겪었던 직원들에게는 재택근무의 도입이 환영할만한 변화였을 겁니다.

한편, 경영자는 그동안 불필요한 인재를 얼마나 많이 떠안고 있었는지를 재차 알게 되었을 겁니다. 그 자리에 앉아 있음으로써 아슬아슬하게 유지하고 있던 지시 대기 사원의 존재 가치는 원격화된 환경에서는 무의미합니다. 지시를 기다리는 인재는 '지시를 기다리는' 상황이 있을 때 비로소 존재 가치가 있습니다. 그런데 재택근무 환경은 이런 타입 인재의 가치를 문자 그대로 소거했습니다.

지시 대기와 착한 아이 증후군은 거의 똑같습니다. 착한 아이 증후군인 젊은이는 지시를 기다리는 인재 후보생이라고 할 수 있지요. 여기에서 잠시 멈춰서 생각해 봅시다. 만약 제가 이 책에서 주장하는 것처럼 착한 아이 증후군인 젊은이의 비율이 늘어나고 있다면 5년 후, 10년 후에 이 사회는 어떻게 될까요? 제가 지적하는 것처럼 코로나를 기점으로 한 원격화가 더욱 침투해서 재택근무로 대표되는 디지털화 사회가 정착한다면, 지시를 기다리는 인재를 떠안은 5년 후, 10년 후에 기업의 경쟁력은 어떻게 될까요?

제가 생각하는 착한 아이 증후군의 가장 큰 과제는 그들만으로는 어떤 부가가치도 낳지 못한다는 것입니다. 그들은 그저 지시를 기다릴 뿐이니까요. 실제 현장에 있을 때는 그나마 '동조한다'라는 업무가 있었지만 그것조차 잃게 되겠지요.

매뉴얼적인 작업을 부여해서 일정한 생산성을 유지하고 싶지만 요즘 세상에 하나부터 열까지 깔끔하게 모듈화할 수 있고, 동시에 비용이 많이 드는 잉여 인원에게 균등하게 발주할 수 있는 일은 그리 많지 않습니다. 많은 작업이 복잡해지고 있어서 업무의 모듈화는 매우 어렵습니다.

따라서 모든 직원이 자기 머리를 써서 작은 창의력을 연속적으로 발휘하면서 앞으로 나아갈 수밖에 없습니다. 그런데 착한 아이 증후군은 그런 가치 창조 활동을 가장 어려워하고, 자주성이나 자립성이 있어야 하는 과정에 두려움마저 느낍니다. '가치 만들기'는 회피해야 할 행위 가운데서도 가장 앞쪽에 있지요.

"상대에게 맞추려면 가장 먼저
상대가 나와 다르다는 것을 인정해야한다."

_ 법정 스님

제9장

다른 사람의 발목을 잡는 현대인

그들을 만든 사회

심술궂게 구는 걸 좋아하는 사람들

꽤 지난 일입니다만, '일본인은 심술궂게 구는 걸 좋아하는 것 같다'라는 인식이 퍼지면서 화제가 된 일이 있습니다. 이 말이 코로나 위기 때 일본인의 언동을 적확하게 설명한다고 해서 또다시 화제가 되었지요.

근원을 더듬어 보면 '일본인은 심술궂게 구는 걸 좋아한다'라는 연구 프로젝트에 다다릅니다. 이 프로젝트는 사이조 다쓰요시(西條辰義) 고치 공과대학 특임 교수를 중심으로 한 일련의 게임을 바탕으로 한 실험의 결과입니다. 행동 경제학의 '죄수의 딜레마' 게임을 응용한 매우 흥미로운 연구 결과가 나왔습니다.

도로나 학교 같은 공공재는 사회적 편익이 높은 것이기에 모두가 조금씩 부담해야 한다는 인식이 있습니다. 그런데 도로나 학교 같은 건 꼭 내가 그 부담을 지지 않더라도 분명 별다른 문제 없이 완성되겠지요. '그렇다면 부담하는 게 바보 아닌가?'라고 생각하는 것을 '무임승차 사고'라고 합니다. 공공재뿐만 아니라 환경 문제 등에서도 무임승차하려는 사람을 어떻게 다룰 것인가는 커다란 과제 중 하나가 되고 있습니다. 사이조 교수를 비롯한 연구진에 따르면 일본에서의 무임승차 문제는 더욱 복잡한 것 같습니다. 그들은 그 이유로 다음과 같은 사실을 도출해 냈습니다.

① 일본인은 미국인에 비해 처음부터 무임 승차하려는 사람이 많다.

② 그런데 그걸 본 다른 사람이 자신의 손해도 생각하지 않고 무임승차자에게 보복적인 행동을 취한다.

③ 무임승차자는 공공재 구성에 협력하지 않으면 후환이 두렵다

는 사실을 점차 학습한다.

④ 결국 일본인은 미국인보다 협조적인 태도가 된다.

일본인, 실화입니까? 솔직히 좀 무섭네요. 일본인은 타고나기를 협조적이고 협력을 잘하는 게 아니라 후환이 두려워서 다 같이 사이좋게 협력하는 것뿐입니다. 아니, 너무 부정적으로만 보지 말고 열심히 해석해 봅시다. 다시 살펴보면 특히 전반부에 의문이 집중됩니다.

- 왜 일본인은 처음부터 무임승차자가 많은가?
- 어째서 일본인은 무임승차자를 발견했을 때 손해를 보면서까지 상대의 발목을 잡으려고 하는가?

일부 전문가는 이에 관해 일본은 자원이 한정된 섬나라이기 때문에, 혹은 단일 민족이자 농경민족이기 때문이라고 분석합니다. 한정된 토지, 한정된 자원 속에서 무라 사회(ムラ社会, 마을 사회. 폐쇄적인 사회를 일컫는 말—역자 주)를 형성해 왔기 때문에 '와(和, 한자로는 '화할 화'로 다툼없이 조화롭게 지내는 것을 중요시하는 일본 특유의 문화를 나타낼 때 사

용한다 — 역자 주)'를 깨는 사람을 나머지 사람들이 협력해 무리에서 배제하는 일은 마을 존속을 위해 꼭 필요한 일이었다고 말이지요.

연구자로서는 무척 흥미롭습니다. 아이누, 에스키모, 애버리지니 등 다른 민족과의 비교에 따른 고찰도 궁금합니다. 하지만 독자 여러분은 그런 건 학회에서나 하길 바랄 테지요. 우리 대부분은 농사를 짓지 않고, 마을에서 생활하는 것도 아닙니다. '소속 조직=마을'이라고 판단하고 공통된 항목을 찾는 것은 흥미롭지만, 평생의 대부분을 마을 공동체에서 보내는 상황과 현대의 도시에서 일어나는 사람들의 행동을 동등하게 비교하면 와닿지 않습니다.

무임승차의 대가

아무리 생각해도 답이 안 나올 때는 질문 자체가 잘못되었을 가능성이 있습니다. 미국 영화나 드라마에서도 'wrong question'이라는 말을 자주 하지요. 그런 의미에서 보면 '어째서 일본인은 처음부터 무임승차자가 많은가?'가 아니라 '어째서 무임승차를 하지 않는가?'라고 물어야 하지 않을까요?

자신이 부담하지 않아도 같은 편익을 얻을 수 있다면 부담하는 게 오히려 이상합니다. 그렇지 않나요? 비용을 지불하는 쪽이 어리석지요. 그것이 지적 생물인 인간의 합리성입니다. 그런데 왜 굳이 부담하는 걸까요? 규칙을 지키지 않으면 벌칙이 있기 때문일까요? 아니면 다른 사람 시선이 신경 쓰여서일까요? 여러 가지 이유가 떠오르지만, 조금 더 깊이 생각해 봅시다.

애초에 사람이 행동하는 이유를 살펴보면 그렇게 할 모티베이션이 있기 때문입니다. 사람은 모티베이션이 있어야 행동하지요. 아무것도 하지 않는 것도 하나의 행동이라고 한다면 모든 행동에는 모티베이션이 작용합니다. 그리고 모티베이션의 원천은 반드시 어떤 종류의 보상입니다. 보상이 있어야 모티베이션이 솟아나고, 행동으로 이어지지요. 보상에는 내적 보상과 외적 보상이 있습니다. 내적 보상이란 활동 자체의 즐거움, 성취감, 보람, 자신의 성장 등 내부에서 얻을 수 있는 보상을 뜻합니다. 외적 보상이란 금전이나 포상, 평가, 처벌, 외압 등 외부에서 주어지는 보수 혹은 처벌을 말합니다.

무임승차라는 행동도 기본적으로는 같은 원리로 설명할 수 있습니다. 사람이 무임승차를 하는 이유는 '무임승차를 해서 발각될 확률×발각되었을 때 부과되는 벌의 크기'라는 외적 보상(이 경우에는 외적 처벌)에 비해 부담하는 금액이 많다고 느끼기 때문입니다. 이때 내적 보상은 상관없습니다.

한편 무임승차를 하지 않는 사람들, 다시 말해 공공재를 부담하는 사람들의 모티베이션은 앞에서 언급한 것처럼 처벌이 두렵기 때문이거나 다른 사람의 시선이 신경 쓰이기 때문이지요. 결국 부담하지 않는 사람들과 같은 원리로 귀착합니다. 요컨대 무임승차를 하느냐, 마느냐 하는 판단은 결국 같은 축 위에 있는 것입니다.

그렇다면 미국인은? 그들은 왜 공공재를 부담할까요? 처벌이 무서워서? 그렇다면 이해할 수 있습니다. 아니면 다른 사람 시선이 신경 쓰여서? 개인주의 성향이 강한 미국인들에게 그것이 문제가 될까요?

정답은 내적 보상이 있기 때문입니다. 물론 모든 미국인이 내적 보상을 노리고 공공재를 부담하는 것은 아닙니다. 하지만 미국인을 대상으로 한 몇 가지 연구에 따르면 사람은 받을 때보다 줄 때 더 강한 행복을 느낀다는 보고가 있습니다. 즉, 공공재를 부담함으로써 내적 보상을 충족하는 것이지요. 저 역시 이 결론에 100% 동의하는 것은 아니지만 '적어도 그들은 그런 사회를 이상으로 삼고 있는 듯한 언동을 하고 있다'라고 생각하면 수긍할 수 있는 점은 얼마든지 있습니다.

한편 일본인은 공공재 부담을 의무라고 생각하는 경향이 있습니다. 혹은 어떤 형태로 정해진 시스템의 일환이라고 생각하지요.

"무슨 말씀이세요. 일본인은 봉사 정신이 투철하다고요. 자연재해가 일어났을 때 얼마나 많은 사람이 봉사하는지 못 봤나요?"

이렇게 반발할 수도 있습니다. 그런데 제가 미국에 살았을 때를 떠올려 보면 특별한 일이 있지 않더라도 주변 소방서에서 자주 모금 활동을 하는 모습을 볼 수 있었습니다. 아이들에게 책을 사주기 위한 목적이나 화재로 탄 아파트 주민을 위로하기 위한 목적이었습니다. 이런저런 명목으로 소방관의 부츠에 달러를 넣고는 했지요. 그런 장면을 일본에서 본 적이 있나요?

저는 2001년 여름부터 미국에서 유학 생활을 했기 때문에 9·11 참사를 미국 현지에서 경험했는데, 당시의 자원봉사와 모금 활동은 일본과 규모 자체가 달랐습니다. 캠퍼스 안에서만 하더라도 셀 수 없을 정도였지요.

도움이 두려운 사람들

갑작스럽게 가정을 해서 죄송하지만, 여러분이 호빵맨이라고 해 보겠습니다. 어느 날 길을 가다가 곤경에 처한 사람을 만났습니다. 호빵맨인 당신은 당연히 "무슨 일인가요?"라고 말을 걸겠지요.

또다시 갑작스럽게 가정을 해서 몹시 죄송하지만, 이번에는 당신이 평범한 일본인이라고 해봅시다. 그리고 길을 가다가 곤경에 처한 사람을 만났습니다. 당신은 말을 걸까요? 만약 그 답이 '아니요'라면 당신과 호빵맨의 차이는 뭘까요? 여기서 '자조(自助)·공조(共助)·공조(公助)'라는 단어를 설명해 보겠습니다. 이는 스가 요시히데(菅義偉) 전 총리대신이 자민당 총재 선거 때부터 자신의 정책 이념으로 내걸었던 말로, 코로나 사태와 시기가 맞물리면서 더 잘 알려지게 되었지요.

이 세 가지는 순서도 중요합니다. 자조가 맨 앞에 위치하는 것에 이론의 여지는 없을 겁니다. 자기 목숨, 자기 생활을 스스로 지키는 것이 우선이지요. 다음으로 공조(共助)가 오는 것도 지극히 자연스러운 일입니다. 자기 혼자서는 할 수 없는 일이라고 해서 뭐든지 공적인 것에 의지하는 건 비효율적입니다. 가까운 사람끼리 해결할 수 있다면 이웃이든 회사 사람이든 마을 공동체든 가릴 것 없이 해결하면 됩니다.

그런데 일본인은 이 공조(共助)가 몹시 서툽니다. 정확하게 말하자면 긍정적인 공조(共助)가 서툴다고 할 수 있습니다. 미국인들은 누군가가 곤란해하고 있으면 적극적으로 말을 겁니다. 그리고 "Thank you!"라는 말을 들으면 "I got it! My pleasure"라고 말하며 으쓱하고 지나가지요.

일본인은 일단 말을 걸지 않을 겁니다. 거절당할까 봐 두려워서일까요? 자조 우선주의이기 때문일까요? 아니면 말을 건 순간, 상대가 깜짝 놀란 표정을 지을까 봐 걱정되어서일까요? 만약 당신이 사랑과 용기의 호빵맨이라면 말을 걸겠지요. 예상대로 상대방은 깜짝 놀라겠지만, 당신은 호빵맨이기 때문에 동요하지 않을 겁니다. 그리고 아마 대부분 당신의 제안은 괜찮다는 말과 함께 거절당하겠지요. 사실 이런 반응이 돌아오는 건 미국이나 일본이나 별반 다르지 않습니다. 다른 것은 그 절차 자체의 중요성입니다.

125개국 가운데 125위

일본이든 미국이든 도움을 거절하는 사람은 일정 수 존재합니다. 다른 점이 있다면 거절당했을 때 어떻게 받아들이느냐입니다. 거절당해도 즐겁게 받아들이느냐,

거절당할까 봐 두려워하느냐. 여기에 일본과 미국의 차이가 응축되어 있습니다. 미국인은 내적 보상을 충족하기 위한 공조(共助) 사회가 존재하는데, 일본인은 타인과 이웃이 두려워 공조(共助)하지 않고 공조(公助)에 의지합니다.

영국 자선단체와 미국 민간 여론 조사 회사인 갤럽(Gallup)사의 연구로 진행되는 WGI(World Giving Index)는 '최근 1개월 이내에 다음과 같은 일을 한 적이 있는가'에 대해 세계 각국에서 설문조사한 뒤, 응답 결과를 집계해 수치화했습니다.

Q1 : Helped a stranger, or someone you didn't know who needed help?

(도움이 필요한 외국인이나 낯선 사람을 도왔나요?)

Q2 : Donated money to a charity?

(자선단체에 기부했나요?)

Q3 : Volunteered your time to an organisation?

(봉사활동에 참가했나요?)

이제 기다리던 결과를 살펴볼까요? 먼저 종합 순위입니다. 일본은 125개국 가운데 107위를 기록했습니다. 이것도 충분히 낮은 순위인데, 뭐가 발목을 잡고 있는지를 살펴보면 Q1인 '도움이 필요한 외국인이나 낯선 사람을 도왔나요?'에 대한 답으로 조사 대상국 가운데 최하위입니다.

깜짝 놀라 두 눈을 의심하고 있는 분들을 위해 다시 한번 분명히 말하겠습니다. 일본인은 '낯선 사람을 도왔는가' 하는 질문에 대해 '네'라고 응답한 비율이 세계에서 가장 낮습니다. 125개국 가운데 125위죠. 이 결과를 어떻게 해석해야 할까요? 아무리 그래도 최하위는 이상하다며 데이터의 신빙성을 의심하고 싶어집니다.

먼저 떠오르는 건 '말의 의미가 다르게 전달된 사례'입니다. 실제로 이런 국제 비교 조사에서 자주 일어나는 언어 장벽으로 인한 문제이며, 가장 있을 만한 문제입니다. 아무리 문법적으로 올바로 번역했다고 해도 완벽한 번역은 이 세상에 존재하지 않습니다. 말과 이미지는 그

언어 고유의 것이기 때문이지요.

이 설문의 경우, 'help'라는 영어와 '돕는다'라는 일본어의 의미가 미묘하게 다를 가능성이 있습니다. 예를 들어 'help'가 넓은 의미, '돕는다'가 좁은 의미로 쓰인다면 일본인의 수치는 낮아집니다. 그 외에도 시기 문제라거나, 여러 가지 우연한 오류들이 겹친 탓에 어쩌다 일본인의 도움 비율이 낮게 나왔다고 해석할 수도 있습니다.

솔직히 이런 가능성이 전혀 없는 건 아니지만 현실적이지는 않겠지요. 데이터가 약간 달라지는 일은 있겠지만 애초에 매우 단순한 조사입니다. 특히 Q1은 다른 두 문제에 비하면 문화 차이도 고려하기 어렵습니다. 지금은 남을 돕지 않는 나라 1위의 칭호를 순순히 받아들이는 편이 좋을 것 같습니다.

애초에 일본인은 낯선 사람과 커뮤니케이션하는 일이 극히 드뭅니다. 오히려 일상생활에서 그런 일이 생기면 섬뜩해하는 게 일본인이지요. 자신을 중심으로 안쪽과 바깥쪽을 구분하는 진한 경계선이 있습니다. 결과적으로 남을 돕지 않는 나라 일본이 되어있을 가능성이 있습니다.

도표 9-1 World Giving Index(WGI) 10th Edigion "Ten Years Giving Trends"

국가	종합 순위	종합 점수	순위 (인)	도움	순위 (기)	기부	순위 (자)	자원 봉사
미국	1	0.58	3	0.72	11	0.61	5	0.42
미얀마	2	0.58	49	0.49	1	0.81	3	0.43
뉴질랜드	3	0.57	10	0.64	9	0.65	6	0.41
오스트레일리아	4	0.56	11	0.64	8	0.68	12	0.37
아일랜드	5	0.56	16	0.62	7	0.69	10	0.38
캐나다	6	0.55	9	0.64	10	0.63	11	0.37
영국	7	0.54	19	0.60	2	0.71	25	0.30
네덜란드	8	0.53	37	0.53	5	0.71	14	0.36
스리랑카	9	0.51	29	0.55	19	0.50	1	0.46
인도네시아	10	0.50	86	0.42	6	0.69	7	0.40
독일	18	0.43	26	0.56	20	0.49	36	0.26
태국	21	0.42	89	0.41	4	0.71	79	0.15
나이지리아	22	0.42	7	0.66	56	0.27	21	0.32
싱가폴	46	0.35	96	0.39	21	0.48	59	0.19
대만	48	0.35	59	0.48	32	0.38	66	0.18
이탈리아	54	0.33	68	0.45	33	0.38	73	0.16
스페인	58	0.32	45	0.51	46	0.30	76	0.16
프랑스	66	0.30	108	0.36	55	0.27	33	0.27
인도	82	0.26	113	0.34	62	0.24	63	0.19
베트남	84	0.26	83	0.42	65	0.23	98	0.12
캄보디아	102	0.25	124	0.24	28	0.40	113	0.08
일본	107	0.23	125	0.24	64	0.23	46	0.22
러시아	117	0.21	112	0.35	112	0.12	74	0.16
크로아티아	118	0.21	120	0.30	68	0.22	108	0.09
중국	120	0.16	119	0.31	116	0.11	125	0.05

또 하나는 일본인의 강한 책임감을 들 수 있습니다. 일본에서는 어려서부터 다른 사람에게 민폐를 끼치지 않도록 훈육합니다. 패밀리 레스토랑에서 아이가 다른 사람의 테이블에 가까이만 가도 그 부모는 사과합니다. '남에게 피해만 주지 않으면 뭘 해도 된다'라고 가르치는 사람도 많습니다.

일본인은 타인에게 조금이라도 피해를 주는 행위는 악(惡)이라고 단정하기 때문에 실제로 타인에게 피해를 주는 사람에게 몹시 냉정합니다. 설령 고령자나 아이라도 때에 따라서는 용서하지 않지요. 이와 같은 철저한 자기 책임주의가 극단적인 내향 지향과 타인에 대한 공포심을 낳고 있을 가능성이 있습니다.

새삼스럽지만 독자 여러분께 질문하고 싶습니다. 어째서 일본인은 그렇게까지 타인과 대화하기를 두려워할까요? 어째서 호빵맨이 될 수 없는 걸까요? 곤경에 처한 사람이 있으면 곧장 말을 걸 수 있는 강하고, 상냥한 마음을 가지려면 어떻게 해야 할까요?

다들 그렇게 살잖아요

다른 사람에게 쉽게 동조하는 일본인의 기질은 아주 오래전부터 다른 나라에도 알려져 있었던 것 같습니다. 지금부터 할 이야기는 제가 미국에서 유학할 때 들었던 에피소드인데 재미있어서 여기저기서 소개하고 있습니다. 'Sinking Boat Joke'라고 판에 박힌 행동을 하는 사람을 비웃는 유명한 이야기이기 때문에 이미 들어봤을지도 모릅니다. 하지만 재미있으니 다시 한번 들어보시기를 바랍니다.

퀸 엘리자베스 2세호를 떠올려보시기를 바랍니다. 타이타닉호도 상관없습니다. 그런 국제 대형 여객선이 얕은 여울에 좌초되어 침몰할 지경이 되었습니다. 선장은 구명보트를 준비시켰는데, 여성과 어린아이를 먼저 태웠더니 보트가 가득 차서 대부분의 남성은 꽤 높은 갑판 위에서 바다로 뛰어내려야만 하는 상황이 되었습니다. 당연하겠지만 그들은 모두 뛰어내리기를 주저하고 있습니다. 이때 선장이 두려워하는 사람들을 독려하기 위해 다음과 같이 말합니다.

미국인에게 : "Go! Jump!! And you will be a hero."

(자, 뛰어내려라! 그리고 영웅이 되어라!)

독일인에게 : "Jumping is a rule of the ship!"

(뛰어내리는 게 이 배의 규칙이다!)

이탈리아인에게: "If you jump now, you are going to get women's hearts."

(지금 뛰어내리면 여성들의 마음은 네 차지가 될 것이다)

한국인에게 : "The Japanese guy has already jumped."

(일본인은 벌써 뛰어내렸다)

일본인에게 : "Just look at people around you. Everyone is jumping."

(주위를 둘러봐라. 다들 뛰어내리고 있다)

재미있지 않나요? 하지만 마냥 웃을 수만은 없습니다. 적어도 일본인에게는 웃을만한 에피소드가 아니지요. 일본인에게 어떤 도전을 하게 하려면 모두에게 똑같은 행동을 시키면 됩니다. 잘도 관찰했군요. 조금 무서울 정도입니다. 지금까지 요즘 젊은이들을 '착한 아이 증후군'이라고 칭하며 그들의 옆으로 줄 서기 문화와 의지 없는 모습을 보아왔는데, 그렇지도 않았다는 말이 됩니다. 옛날부터 일본 전체가 그랬다는 뜻이니까요. 심지어 해외에서도 들통날 정도로 말이지요.

집단 지성인가, 집단의 어리석음인가

'세 사람이 모이면 문수보살의 지혜가 나온다'라는 속담이 있습니다. 영어로는 'Two heads are better than one'이라고 말하기도 합니다. 학술적으로는 '집단 지성'이라고 부릅니다. 한편 '집단의 어리석음'이라는 표현도 있습니다. 읽고 쓰는 것처럼 개개인의 능력이 낮지 않아도, 집단이 되면 어리석은 판단을 하게 된다는 뜻입니다. 학술적으로는 '집단 무지성'이라고 표현합니다.

이처럼 속담은 때로 혼란을 가져옵니다. 대체 어느 쪽이 옳은 걸까요? 그건 케이스 바이 케이스(case by case)라고 말한다면 그 말도 맞지만, 상황에 의존하지 않는 불변의 진리를 가르쳐 주는 것이 속담 아니었던가요?

그 케이스 바이 케이스를 정말로 때와 상황으로 나눠서

검증한 논문이 있습니다(Toyokawa, W., Whalen, A. and Laland, K. N. "Social learning strategies regulate the wisdom and madness of interactive crowds", 2019). 주요 저자는 일본인인 도요카와 와타루로, 논문 제목은 '사회적 학습 전략이 집단 지능과 집단 무지성을 제어한다'라고 번역되어 있습니다. 베이스 계층 모형(Bayesian hierarchical modeling)을 사용한 난해한 논문인데, 간단하게 요약하면 다음과 같습니다.

699명의 피실험자를 모으고, 거기서 인원 수가 다른 몇 개의 서브 그룹을 만들어 각각에 난이도가 다른 과제를 냅니다. 그런 다음 각각의 피실험자가 다른 피실험자의 의견을 어느 정도 모방하고 따라 하는지를 관찰합니다. 즉, 집단으로서의 사회적 학습 정도를 과제의 난이도(논문 안에서는 task uncertainty 혹은 challenging task라고 표현합니다)와 집단의 크기를 매개 변수로 설명해 보자는 실험입니다.

결과적으로 난도가 높은 과제일수록 다른 사람을 모방한 생각을 제시하는 경향을 보이고, 그 경향은 집단의 크기가 커질수록 강해졌습니다. 한편, 과제의 난도가 낮을 때는 개개인의 의견을 내기 쉽고, 결과적으로 집단

지성을 발휘하기 쉬웠습니다. 이는 집단의 크기가 작을 때도 마찬가지였지요. 이는 집단의 규모가 크면 클수록 불확실하고 도전적인 과제에 직면했을 때 집단의 어리석음에 빠지기 쉽다는 것을 시사합니다.

'세 사람이 모이면 문수보살의 지혜가 나온다'는 속담에서 세 사람은 그저 복수형을 총칭하는 것뿐이라고 생각했는데, 정말로 세 명 정도가 딱 적당한지도 모르겠습니다. 과제의 난도가 높을 때 서른 명이나 삼백 명이 모이면 문수보살의 지혜와는 거리가 멀어지는 경향이 있으니까요.

게다가 일본인은 옛날부터 '주변 사람이 뛰어내리면 같이 뛰어내리는' 기질의 소유자들입니다. 사회 과제의 난도가 올라가는 요즘, 일본은 점점 더 '집단 무지성' 경향에 박차를 가하고 있는지도 모르지요.

젊은이에게 기대할 권리가 있는가

이 장도 끝을 향해 가고 있습니다. 저는 항상 학생들

에게 정확한 연봉을 가르쳐주지 않은 채 취직할 곳을 정하게 하는 일본이 비정상이라고 생각해 왔습니다. 어느 신입사원 채용 사이트를 봐도 대졸 초임은 대부분 2,500만 원 내외입니다. 어떤 업종이든, 어떤 규모든 마찬가지고, 심지어는 공무원도 다를 바 없습니다. 겉으로 드러나 있는 부분은 연봉과 상여금이 몇 개월분인지, 수당이 있는지 정도이지요. 결과적으로 취직을 준비할 때는 물론이고 합격자조차 자신이 입사 첫해에 얼마를 받을지 파악하지 못합니다. 더 심각한 것은 이런 상황이 미래의 연봉 격차를 흐지부지하게 만들고 있다는 사실입니다.

혹시 '인재 전쟁(War for talent)'이라는 말을 들어본 적 있나요? 우수하고 재능이 넘치는 젊은이를 쟁취하기 위한 세계적인 규모의 싸움이 시작되었다는 의미입니다. 의욕과 창의력이 넘치는 젊은 인재를 확보하기 위한 경쟁은 일본 안에서도 일어나고 있습니다. 학생에게 취업 스카우터가 붙거나 외줄 낚시를 하듯 지명제로 이야기가 진행된다는 이야기도 이제 흔히 들을 수 있지요.

지방 각지에서는 우수한 젊은이를 끌어들이기 위해

다양한 시도를 하고 있습니다. 하지만 대부분의 노력이 보상받지 못하고 수포가 되는 것도 어떤 의미에서는 당연하다고 할 수 있을 겁니다. 대졸에 연 수입 3,300만 원은 선진국 가운데서는 밑에서부터 세는 편이 훨씬 빠릅니다. 그런 상황에서 의식 있고, 싫은 일도 나서서 하는 데다가, 아저씨들 비위도 잘 맞춰줄 수 있는 젊은이가 있을 리 없지요.

젊은이들에게 기대하는 마음은 이해가 됩니다. 하지만 당장 그에 상응하는 대가를 지불하거나 적어도 장래에 높은 보상을 약속할 수 있을 때 기대해야 하는 거 아닐까요? 정당한 대가 없는 기대는 단순한 압력과 착취에 불과하니까요.

젊은이에게 기대하는 모든 사람에게 묻고 싶습니다. 만약 당신이 젊은이라면 그런 어른의 '기대'에 부응할 수 있나요? 누군가의 자기중심적인 기대가 있다고 해서, 당신 기분은 그런 누군가의 뜻대로 될까요? 당신에게 리스크를 지게 하고, 무슨 일이 생기면 도와주겠다며 미지근한 물에 몸을 담그고 있는 사람을 보면 어떤 생각이 들까요? 자기라면 하지 않을 것 같은 일을 젊은이에게 시키려고 하는데 젊은이들이 반응하지 않는 게 당연하지요. 그들은 그저 자기방어를 하는 것뿐입니다.

젊은이는 현역 선수만 존경한다

제가 아는 한 젊은이는 '현역 선수'만 존경합니다. 그런데 많은 어른은 과거의 실적이 자신을 이루고 있다고 믿지요. 그래서 젊은이 앞에서는 과거를 어필하려 듭니다. 하지만 요즘에 젊은이들은 누군가의 잘나가던 시절 이야기를 매일 듣습니다. 표면적인 반응만 보이는 것도 당연하지요. 젊은이들은 과거 이야기보다는 당신이 오늘 무엇을 하고, 내일 무엇을 할 것이냐에 관심이 있습니다. 당신을 향한 그들의 평가는 그걸로 정해집니다. 결코 과거의 실적이 아니지요.

이 장에서 보아 왔듯이 젊은이가 변화를 좋아하지 않고, 도전을 피하며, 수비적이고 내향적인 성향이 된 이유는 젊은이가 자라온 일본 사회가 그렇기 때문입니다. 도전이나 변화가 성장으로 이어지지 않고, 도전해도 얻을 게 없다고 생각하는 이유 역시 어른들이 그런 모습을 보여주었기 때문입니다. 자신이 하지도 못하고, 하지도 않을 일을 젊은이에게 강요하는 것은 착취일 뿐입니다.

그런 의미에서 이 책에서 한 가지 제안을 하려고 합니다. 어른인 당신이 하십시오. 당신이 먼저 도전해야 합니다. 당신이 도전하고, 실패하고, 극복하는 모습을 당당하게 보여주어야 합니다. 그때 만약 젊은이가 곁에 있다면 이 한마디를 했으면 합니다. 이게 제가 생각하는 젊은이의 마음을 움직이는 가장 강력한 한마디입니다.

"나는 이걸 하고 싶고, 이번에는 반드시 성공하고 싶어요. 그러니까 도와주지 않을래요?"

"모든 사람이 소중하다는 사실을 명심하면
저절로 좋은 인간관계를 유지할 수 있을 것이다."

_ 헨리 카이저

제10장

착한 아이 증후군인 젊은이들에게

환경을 바꾸고, 자신을 바꿔라

10

인생을 바꾼 한 학생의 터닝포인트

고맙게도 제 세미나를 듣는 학생들은 대체로 밝습니다. 예전에 그중 한 명에게 중고등학교 때는 어떤 느낌이었는지, 지금처럼 즐겁게 지냈는지 물어본 적이 있습니다. 그랬더니 '기본적으로는 얌전하게 가만히 있었다. 항상 어울리는 친구들하고만 어울렸다'라는 의외의 대답이 돌아왔습니다.

어려서는 다양한 일에 적극적이었고, 수업 시간에도 항상 손을 들었는데, 초등학교 4학년 무렵부터 얌전해졌다고 합니다. 어느 날 아이들이 자기 친구의 뒷말을 하는 것을 목격한 후로 타인의 눈이 두려워졌고, 혹시나 이상한 짓을 해서 자기에 대한 주위 사람들의 평가가 달라질까 봐 무서워졌다고 합니다. 이런 두려움이 절정에 달한 것은 중학생 무렵이었던 것 같습니다.

그러던 그 학생은 지금 세미나에서 프로젝트 리더를 맡아 적극적으로 후배를 이끌고, 누구에게나 먼저 말을 겁니다. 세미나 합숙에는 절대 빠지지 않지요. 활발하게 행동하게 된 것은 소속 세미나가 정해진 대학교 2학년 무렵부터라고 합니다. 세미나에 들어가면서 주변 환경이 달라지고, 자연스럽게 행동을 변화시킬 수 있었던 것 같습니다.

실은 제 주변에는 이런 변화를 경험한 사람이 적지 않습니다. 매년 몇 명씩 있달까요? 참고로 모든 걸 받아들이고 인정하는 조직이나 분위기를 경영학에서는 '인클루전(inclusion, 기업 내의 모든 종업원이 존중받고 개개인의 능력을 발휘할 수 있는 상태를 뜻한다—역자 주) 풍토'라고 하는데 최근 많은 주목을 받고 있습니다.

저는 이 책을 30세 이상의 사회인과 관리자 경험이

있는 사람을 주요 타깃으로 생각하고 집필해 왔습니다. 특히 앞 장이 그렇습니다. 그렇지만 이 장만은 젊은이를 대상으로 쓰려고 합니다.

일에 평범이란 없다

이 학생처럼 밝고 긍정적으로 사는 것도, 반대로 눈에 띄지 않게 그저 조용히 사는 것도 온전히 개인의 자유입니다. 그것 자체에는 좋고 나쁨이 없지요. 저 역시 자신에게 맞는 쪽을 선택하기를 진심으로 바랍니다. 만약 조용하게 지내는 쪽을 선택했다 하더라도, 그로써 안정된 생활을 할 수 있다면 이는 매우 훌륭한 일입니다. 진심입니다.

다만, 만약 당신이 고등학생이나 대학생, 혹은 20대 초반이라면 한 번이라도 좋으니 그 선택에 정말 만족하는지 한 번쯤 생각해 봤으면 좋겠습니다. 만약 당신이 조용히 지내는 쪽을 선택했다면, 당신은 앞으로의 인생에서 사실은 자기 일인데 스스로 결정하거나 선택하는 일이 극단적으로 적어질 겁니다.

"무슨 말씀이세요? 제가 바라는 게 바로 그거라고요. 그런 게 안정이죠"라고 말할지도 모르지요.

하지만 자기 인생을 스스로 결정하지 않는다는 것은 다른 누군가가 당신 인생을 결정하게 된다는 뜻입니다. 그 누군가 가운데는 건전한 판단력이 있고, 마음이 따뜻하며, 존경할 수 있는 사람만 있는 게 아닙니다. 아니, 건전한 판단력이 있는 사람이라도 항상 당신이 바라는 것을 알아차려 주는 건 아니지요. 오히려 그 정반대일 수도 있습니다.

단순화하자면 사회인의 24시간은 일이 3분의 1, 사생활이 3분의 1, 수면이 3분의 1입니다. 수면은 누구에게나 평등하다고 한다면 평일의 절반(업무 시간)은 누군가가 당신이 지내는 방식을 대신 정하게 되는 것이지요. 반복해서 말하지만, 당신은 아마 그런 걸 안정이라고 부를 겁니다.

'안정된 3분의 1을 얻을 수 있으면 남은 3분의 2도 자유롭게 보낼 수 있겠지. 맞아, 괜찮은 것 같아. 그러려면 역시 대기업 사무직이 좋겠지? 영업은 나한테 안 맞으니까. 적은 숫자의 사람들과 말하는 건 싫지 않지만 누군가에게 먼저 제안하는 건 절대 못 해. 언젠가 고향에 돌아가고 싶은데 그러려면 역시 공무원을 해야 하나? 부모님도 왠지 그걸 바라시는 같던데.'

당신은 그런 상황을 '평범'이라고 부릅니다.

"저는 특별한 건 바라지 않아요. 매일 평온하게 보낼 수 있으면 그걸로 됐죠. 평범한 걸로 충분하다고 생각하니까요. 욕심이 거의 없달까요?"라고 말할 때의 '평범' 말입니다. 하지만 제발 정신 차리시기를 바랍니다. 당신이 말하는 '평온'이나 '평범'은 인생에서 얻을 수 있을까 말까 한 최상위급의 대우니까요.

만약 당신 주위에 그런 대우를 받는 인생 선배가 있다면 그건 복권 당첨자 수준으로 운 좋은 사람이거나 혹은 엄청난 노력과 고생을 반복해 왔거나 둘 중 하나입니다. 물론 아마도 그 사람이 진짜로 '복권'에 당첨되지는 않았을 겁니다. 그리고 당신 역시 '복권'에 당첨될 일은 없겠지요. 다시 한번 말하지만, 이제 정신을 차려야 할 때입니다.

일할 때 '평범'한 시간 같은 건 없습니다. 한 시간마다 온갖 사건이 벌어집니다. 그리고 그 온갖 사건이 점점 당신 마음을 잠식합니다. 그런데도 당신 마음은 안정을 유지할 수 있을까요? 만약 안정을 유지하지 못하고 불안정해지면 평등하던 수면 시간과 주말까지 잠식하기 시작합니다. 그렇게 잠식해 오는 것 가운데는 당신 자신의 후회도 포함됩니다. '어째서 이런 상황이 되어 버렸을까? 두 번 다시 돌아갈 수 없는데.' 그런 후회는 매우 깊고 고통스럽지요. 그러니 지금 생각해 보기를 바랍니다.

분위기와 동조 압력은 어디서 오는가

여기서 제 앞으로 도착한 한 통의 편지를 소개하겠습니다.

> 30대 회사원입니다.
>
> 저는 대학 시절, 동아리 임원을 한 적이 있는데 부원 가운데는 자신의 진심과는 상관없이 일부러 다수파와 반대 입장을 취해서 토론에 활기를 더하려는 동급생이 있

> 었습니다. 그 친구가 그런 언동을 취할 때마다 '조화를 깨고 있다'라는 분위기가 감돌았지요. 후배들 역시 누군가 분위기를 싸하게 만드는 발언을 하면 '실패했다'라고 받아들이고 두려워하게 된 것 같습니다.
>
> 저는 일본인은 실패한 사람을 지나치게 신경 쓰는 경향이 있다고 생각합니다. "우린 저 사람처럼 되지 말자"라거나 "저 사람 ○○에 실패했대"라는 식으로 말할 때도 있지요.
>
> 저는 남들과의 조화를 중시하는 일본인의 특성, 그리고 모두와 다른 생각을 하는 사람을 싫어하고, 다른 생각을 하는 이의 발목을 잡는 사람이 일정 수 존재하는 것이 일본에서 도전 정신이 자랄 수 없는 이유라고 생각합니다.

공감하는 사람이 많을 것 같습니다. 이 편지는 대학 동아리를 무대로 하고 있지만, 그 외에도 많은 상황에 들어맞습니다. 포인트는 편지 안에 등장하는 '분위기'와 '조화'라는 단어입니다. 그리고 그 말이 어디에서 나오고 있느냐입니다.

동조가 발생하는 데는 일정한 패턴이 존재합니다. 동조의 순간은 누군가가 그때까지의 흐름과는 다른 어떤 발언을 했을 때는 찾아오지 않습니다. 그 직후, 특정한 누군가가 그 발언에 대해 반응하겠지요. 아주 희미하게 웃거나 고개를 끄덕이거나 말입니다. 하지만 그 순간 역시 동조 발생 시각은 아닙니다. 주목했으면 하는 것은 그 뒤의 순간입니다. 첫 웃음, 혹은 끄덕임에 동조하는 사람이 여러 명 발생합니다. 이때가 바로 동조 압력 발생 시각입니다.

그렇다면 동조 압력이 싹트는 시기는 언제일까요? 아마 여러분이 상상하는 것 이상으로 빠를 겁니다. 주로 초등학교 저학년에서 고학년으로 올라가는 시기에 시작되지요. 마침 수업 시간에 손을 들지 않게 되는 시기와도 맞물립니다. 이 타이밍에 그들의 세계가 변합니다. 그리고 급속도로 착한 아이 증후군에 걸린 젊은이가 불어납니다. 좀전의 편지 이야기로 돌아가 봅시다.

이야기를 듣고 있던 동아리의 누군가가 '또 이상한 소리를 하네' 하는 분위기를 아주 약간 표출했을지도 모릅니다. 사연을 보낸 사람은 그런 분위기에 동조하는 사람이 일정 수 있다고 생각하는데, 제 생각은 다릅니다. 착한 아이 증후군을 증식시키는 분위기를 널리 퍼트리고 있는 것은 사실 젊은이인 당신입니다. 매우 중요한 사실이기에 다시 한번 말합니다. 사람은 분위기의 발생원이 자기 바깥에 있다고 생각하지만, 사실 분위기의 근원은 바로 당신입니다.

물론 누군가의 발언을 제일 먼저 비웃는 사람은 따로 있겠지요. 그런데 당신은 그 웃음을 이어받아 웃은 적이 없다고 단언할 수 있나요? 아주 작은 웃음의 사슬이 비웃음을 당한 사람을 평생에 걸쳐 지배할 수도 있습니다. 게다가 나이 차이가 있으면 더욱 그렇습니다.

노력하는 젊은이, 꿈을 가진 젊은이, 자의식이 강한 젊은이는 본질적이고 필연적으로 어른의 사회나 어른이 의존하는 시스템을 부정하는 경향이 있습니다. 따라서 어른들은 무의식적으로 그들을 고치고, 길들이려고 합니다.

포인트는 어디까지나 '무의식적으로' 그렇게 한다는 데 있습니다. 표면적으로는 노력하는 젊은이를 응원하겠지요. 하지만 어른은 왠지 모를 찝찝함을 느끼면서도 그 위화감과 마주하지 않을 겁니다. 왜냐하면 그 이유를 마음속 깊은 곳에서는 이미 알고 있기 때문입니다. 눈앞에 있는 젊은이는 자신과는 다른 방법으로, 자신과는 다른 결과를 얻으려 하고 있습니다. 본인의 무언가를 직접적으로 부정당한 것은 아닙니다. 하지만 젊은이는 분명하게 자신과 같은 방식으로 생각하거나 행동하려고 하지 않고 있습니다. 자신이 제안한 것을 고맙게 받아들이려 하지 않지요.

인간은 감정의 노예입니다. 이 사소한 앙금이 이론으로 무장한 모습으로 변환되어 젊은이를 교정하려 듭니다. 젊은이라면 그런 어른의 자세를 보더라도 웃어넘겨야 합니다. 젊은이들끼리 압력을 주고받아봤자 이도 저도 안 되니까요. 이제부터라도 좋으니 기억하시기를 바랍니다. 당신만은 분위기를 증폭시키는 역할을 하지 말아야 합니다.

모든 것은 주관적이다

연휴 기간에 우연히 본 방송에서 한 배우가 매우 인상적인 말을 하더군요. 방송은 배구부에 소속된 여중생의 고민을 배우가 함께 해결하는 내용으로 여중생은 다음과 같은 고민을 하고 있었습니다.

동아리 활동을 할 때 도저히 목소리를 내지 못하겠습니다. 배구부는 연습할 때든 시합할 때든 큰 목소리를 내는 게 중요하다는 걸 아는데도 도무지 목소리가 안 나옵니다. 다른 사람 시선이 신경 쓰이는데, 부끄럽다기보다는 자신이 없습니다. 이상한 목소리가 나오면 어쩌나, 타이밍이 어긋나면 어쩌나 하는 생각을 하다 보면 점점 몸이 굳어집니다.

그렇군요. 이 책의 주제 그 자체입니다. 그 고민에 대한 배우의 대답은 이랬습니다.

저도 중학생 때 배우를 시작했기 때문에 그 기분을 잘 압니다. 게다가 저는 남들에게 보이는 일을 했으니까요.

연기를 하면서도 마음속으로는 벌벌 떨고 있었어요. 하지만 그건 제 안의 망상일 뿐이었죠. 사실 아무도 이상하다고 생각하지 않아요. 만약에 그렇게 생각한다고 해도 나한테 아무런 영향도 없고요.

그러니까 부정적인 망상을 긍정적인 걸로 바꿔보세요. 예를 들어서 "쟤는 잘난 척이나 하고 진짜 짜증 나!"→"저 아이는 항상 열심히 해서 진짜 멋있는 것 같아!" 이런 식으로요.

정말이지 제가 하고 싶은 말 그 자체입니다. 말인즉슨, 결국은 주관이라는 겁니다. 모든 것은 당신 안에서 일어나고 있는 일이라는 뜻이지요. 부정적인 망상을 부풀리게 되는 마음도 이해는 됩니다. 그렇다면 망상 에너지를 긍정적인 쪽으로 바꿔보면 어떨까요?

'이론은 이해하죠. 하지만 아는 것과 할 수 있는 건 다르지 않나요? 기분을 그렇게 마음대로 바꿀 수 있는 건 아니니까요'라고 생각할지도 모릅니다. 그렇게 생각하는 것도 충분히 이해합니다. 기분을 바꾸는 게 쉬운 일은 아니니까요.

하지만 사실 기분의 문제야말로 행동의 문제입니다.

행동이 달라지면 기분도 달라집니다. 특히 착한 아이 증후군인 젊은이들에게는 이게 잘 맞아떨어집니다. NHK 방송도 전반에는 마음을 주제로 삼았고, 후반부터는 배우와 여중생이 함께 조금씩 행동에 나서는 모습을 보여줍니다. 마지막에는 바다를 향해 큰 목소리를 내보는 연습도 하더군요. 여기서부터는 조금씩 여러분 행동에 초점을 맞춰봅시다.

당신은 무엇을 위해 공부하는가

만약 당신이 고등학생이나 대학생이라면 당신은 무엇을 위해 공부하나요? 지망하는 학교에 합격하기 위해서? 학점을 따기 위해서? 자격증을 따기 위해서? 선생님이나 부모님의 기대에 부응하기 위해서?

그 이유를 쉽게 분류해 주는 것이 학습 동기 2요인 모델입니다. 도쿄대학의 이치카와 신이치 교수는 고등학생을 대상으로 세밀한 연구를 진행했고, 이를 바탕으로 쓴 책 『현대 심리학 입문3 : 학습과 교육의 심리학』

(1995)에서 학습의 모티베이션을 여섯 가지 카테고리로 분류했습니다. 다음 해설과 도표 10-1을 참고하면서 먼저 자신의 학습 동기가 어디에 해당하는지 생각해 보시기 바랍니다.

도표 10-1 학습 모티베이션의 6가지 카테고리

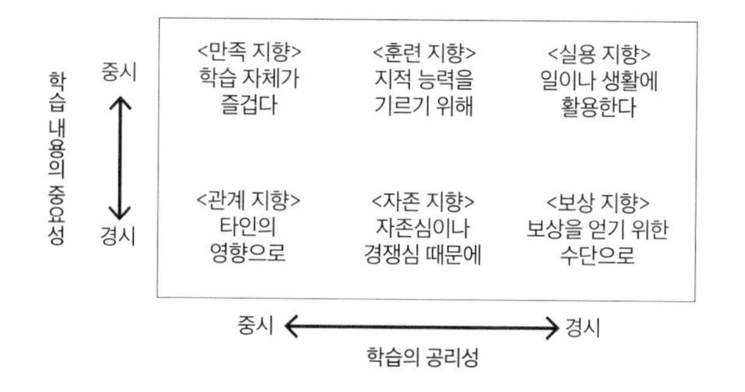

① 만족 지향 : '새로운 것을 배우는 게 즐거우니까', '안다는 것 자체로 재밌으니까'처럼 지적 호기심, 이해 욕구, 향상심에 뿌리내린 내발적 동기

② 관계 지향 : '다들 하니까'처럼 동조적인 동기. '선생님이 좋으니까'라는 응답도 인간관계가 동기이기 때문에 여기에 포함된다.

③ 훈련 지향 : '두뇌 훈련이 되니까', '학습하는 방법을 배우기 위해서'처럼 학습을 통해 간접적으로 지적 능력을 향상시키려는 동기

④ 자존 지향 : '다른 사람에게 지기 싫다', '남보다 뛰어나고 싶다' 등의 경쟁심, 자존심과 관련된 동기. ②와 마찬가지로 타인과 관계된 동기지만, 동조적 혹은 친화적 동기와는 달리, 자신의 우위를 보여주고자 하는 마음이 있다.

⑤ 실용 지향 : '생활하는 데 필요한 지식을 얻기 위해', '장래에 일하는 데 써먹으려고' 같은 실용성을 의식한 동기. ⑥과 약간 비슷하지만, 실용 지향은 배운 지식이나 기능 자체가 가지는 유용성을 믿는다는 점이 다르다.

⑥ 보상 지향 : '보상을 받을 수 있다', '칭찬받는다', '안 하면 혼이 난다'로 대표되는 보수와 징벌에 의한 외발적 동기. '학점을 따기 위해서', '학벌이 중요하니까', '출세하려고'도 여기에 포함된다.

구분하기 쉬운 데다가 가로와 세로, 두 축으로 정리했다는 점에서 매우 훌륭합니다. 가로축은 학습의 공리성 즉, 학습하면 어느 정도의 보수를 기대할 수 있느냐를 나

타냅니다. 모델의 오른쪽으로 가면 갈수록 그 기대가 큰 것을 나타내지요. 세로축은 학습 내용의 중요성을 나타냅니다. 여기서는 상단의 세 항목(만족 지향, 훈련 지향, 실용 지향)이 학습 내용 그 자체를 더 중요시한다는 뜻입니다.

그렇다면 여러분은 어떤 지향에 속하나요? 여러분 주변 사람, 가족이나 친구는 어떤가요? 이 여섯 개의 카테고리는 어디까지나 학습 모티베이션의 요소를 분류한 것으로, 반드시 어느 하나에만 해당하지는 않습니다. 대부분은 여섯 개 가운데 여러 가지 요소를 동시에 가지고 있습니다. 따라서 이 가운데 무엇이 강한가 정도만 파악하고 넘어가는 게 좋을 것 같습니다.

대부분의 젊은이는 본인은 관계 지향이 강하다고 답할 것 같습니다. 그리고 여기서부터는 저의 부탁에 가깝지만 젊은이들이 관계 지향과 보상 지향 외의 학습 동기를 발견했으면 좋겠습니다. 나머지 다섯 가지 가운데 어느 것이든 상관없습니다.

목적 있는 학습은 사람을 강하게 만든다

왜 그런 부탁을 하느냐 하면 목적 있는 학습은 사람을 강하게 만들기 때문입니다. 이는 제가 교육자, 쉽게 말하면 선생을 하고 있어서 하는 말이 절대 아닙니다. 애초에 저는 모두가 대학에 가야 한다고 생각하지도 않고 공부를 강요한 적도 없습니다. 흔히 착각하지만, 대학 교수라고 해서 모든 학생에게 공부시키고 싶어 하는 건 아닙니다. 공부는 하고 싶은 학생만 하면 됩니다. 주위 사람이 한다고 해서 어설프게 따라 하는 것은 오히려 진심으로 열심히 하는 사람의 방해가 될 뿐입니다.

제 의견이지만, 대다수의 동양인에게 학습은 의무에 가까운 위치에 있는 것 같습니다. '아이는 공부하는 게 일이다'라고 말하는 사람도 있지만 말도 안 되는 소리입니다. 그렇지만 아이들의 학습 환경을 보면, 공부가 말 그대로 일에 가깝습니다. 숙제라고 하는 '할당량'이 있다는 사실이 이를 상징적으로 보여줍니다. 그래서 어른이 되어서도 이 '공부=일'이라는 개념에서 벗어나지를 못하는데, 그게 문제입니다.

아무리 자기 긍정감이 약하고, 내향적이고, 유능감이 부족하고, 회의 시간에는 구석에서 숨죽이고 있는 타입이라도 학습만큼은 스스로 결정해야 합니다. 다른 일에서는 분위기에 맞추고, 동조 압력에 휩쓸리더라도 무엇을 위해, 무엇을 배울 것인지는 절대로 양보하지 않았으면 좋겠습니다. 목적이 있는 학습은 사람을 강하게 만들기 때문입니다. 당신이 이 책에서 묘사한 것 같은 전형적인 착한 아이 증후군이라고 한다면 지금까지 공부가 일이 되어서 스스로 배울 것을 결정하는 선택지를 고르지 않았을 가능성이 큽니다.

목적은 뭐든 좋습니다. 우선은 학습 목적을 대충이라도 정하고 서점이나 도서관에 가서 산책하는 기분으로 책 표지를 살펴보면 됩니다. 더 간단하게 문득 관심이 가는 키워드로 검색하는 것부터 시작해도 좋습니다.

누군가에게 상담해도 되지만 별로 추천하고 싶지는 않습니다. 상담한다면 가볍게만 하시기를 바랍니다. 특히 부모님이나 선생님에게 상담하면 중차대한 사건이라도 벌어진 것 같은 분위기가 조성되어서 번거롭고, 학습 목적이나 방향성에 그들의 편견이 들어가게 됩니다.

원칙적으로 학습은 자기 자신을 위해, 자기 멋대로 해야 합니다.

'배우지 않는 자에게는 가르칠 수 없다', '구하지 않는 자는 얻지 못한다'라는 말은 불변의 진리입니다. 그런데 착한 아이 증후군인 젊은이들은 일단 누가 떠먹여 주기를 바랍니다. 그러면서 자기는 아무것도 가진 게 없다고 말하지요.

그 이유는 배운 것이나 주어진 것은 자기 것이 아니라는 생각이 어딘가에 존재하기 때문입니다. 수업이나 강연을 통해 아무리 중요한 것을 배우더라도 그것이 배운 것인 한은 진정한 의미에서 자기 것이 아닙니다. 학점을 따고 나면 금방 잊어버리니까요. 그래서 취업 면접에서 자기 PR을 하라고 하면 아르바이트와 동아리 활동 경험을 제외하면 이야깃거리가 없습니다. 그것만으로는 불안하니까 인터넷 세상에서 답을 찾으려고 하지요. 그런 행동을 반복하고 있어서는 평생 자존감이 높아지지 않을 겁니다.

특별히 하고 싶은 게 없어서 고민이라면

만약 당신이 20세 이상이라면 진짜로 좋아하는 것이 더는 바뀌지 않을 겁니다. 사람의 본질적인 취향은 성인이 된 후에는 그렇게 쉽게 바뀌지 않으니까요. 지금 '역시 난 이게 좋아' 혹은 '나는 이게 끌려'라고 생각하는 것이 있다면 앞으로도 분명 달라지지 않습니다.

그렇다면 그 마음에 뚜껑을 덮고 외면하려 해봤자 앞으로 계속 고통받을 뿐입니다. 뚜껑을 덮어 두면 언젠가 사라져 없어질 거로 생각해도 소용없습니다. 지금 그것과 마주하는 수밖에 없지요.

"아니, 잠시만요. 애초에 하고 싶은 일을 못 찾은 사람은 어떻게 하면 되는데요?"라는 목소리가 여기저기서 들리는 것 같네요.

그것도 그렇군요. 그렇다면 '하고 싶은 걸 못 찾겠다'라고 하는 분들을 위해 함께 생각해 봅시다. 저는 문제의 원인은 크게 세 가지로 나눌 수 있을 것 같습니다. 첫 번째는 하고 싶은 일을 자기 멋대로 '세상이 일반적으로 제시하는 선택지의 이미지'로 한정해 놓았을 가능성입니다. 개발자라거나, 영업직이라거나, 접객업이라거나, 의료 관계 같은 것 말이지요. 대학교 3학년생에게 졸업하면 무슨 일을 하고 싶냐고 물으면 대개는 이런 대답이 돌아옵니다.

부모님은 공무원이 좋지 않겠냐고 말씀하시는데, 저는 민간기업도 나쁘지 않은 것 같아요. 하지만 영업할 성격은 아니라……. 재밌어 보이는 건 기획 쪽인데, 꼭 그걸 하고 싶냐고 물으면 딱히 그렇지는 않아요.

독자 여러분, 속마음을 들켜서 뜨끔하셨나요? 이 누구나 공감할 만한 대답 속에 몇 가지 선택지가 나왔지요? 대학생들은 공무원, 민간기업, 영업, 기획 같은 일을 본인의 얼마 안 되는 지식만으로 판단하고 있는 경우가 많습니다. 전혀 알아보지 않고, 경험해 보지도 않은 상태에서 사람들이 일반적으로 말하는 선택지를 늘어놓은 다음에 왠지 확 끌리는 게 없다고 말하는 것에 불과하지요.

이래서는 관심이 생기지 않는 것도 당연합니다. 그럴

때는 조금 더 시야를 넓혀야 합니다. 그리고 먼저 행동해 봅시다. 그런 다음 행동한 결과를 기록하고, 자기 나름대로 평가해 보는 겁니다. 가능하면 랭킹 형식이 좋습니다. 그렇게 하면 '일'이라는 것에 대한 해상도가 올라갑니다.

랭킹에 공통점이 보이기 시작한다면 한발 나아갔다는 증거입니다. 랭킹에 공통점이 보이지 않는다면 당신은 다음 두 가지 가운데 하나(혹은 양쪽 모두)에 발목을 잡혔을 가능성이 큽니다.

하고 싶은 일을 찾지 못하는 두 번째 원인으로 일 자체에 흥미가 없을 가능성도 있습니다. 무슨 말이냐 하면 모든 사람이 꼭 일에 흥미를 느끼리라는 법은 없습니다.

제 생각에 사람이 인생의 진로를 결정할 때, 고려하는 요소는 사실 세 가지 밖에 없습니다. ①일, ②사람, ③장소입니다. 세 가지의 가중치는 사람마다 다르고, 그 균형이 최종적인 우선순위가 됩니다. 일에 흥미를 느끼지 못하는 사람은 ②나 ③의 가중치가 높은 것입니다. '이런 사람들과 함께 일하고 싶다', '이런 장소에서 뭔가를 하고 싶다' 하는 식으로 사람과 장소를 기준으로 장래를 생각해 보는 것도 괜찮습니다.

주의 사항은 딱 한 가지입니다. 제 경험으로 미루어봤을 때, 특히 요즘 학생은 '②사람'을 중시하는 비율이 높습니다. 그 사실을 기업 인사팀은 잘 알지요. 그래서 인사과의 신입사원 채용담당자로 사내에서 가장 인상 좋은 인재를 포진시켜 놓습니다.

그런데 학생들은 몇 안 되는 인사과 직원만 만나보고서 '이 회사 사람들은 다들 느낌이 아주 좋은걸?' 하고 착각합니다. '난 아무래도 ②사람에 가중치를 높게 두는 타입인 듯?'하고 느꼈다면, 취업 활동을 하면서 마음에 들었던 회사의 인사담당자에게 부탁해서 한 사람이라도 많은 인사과 외의 사원과 이야기할 기회를 만들어달라고 하는 게 좋습니다. 부탁하려면 엄청난 에너지가 필요하지만 어떻게든 해냈으면 좋겠습니다. 만에 하나 부탁을 듣고 상대 회사가 귀찮아한다면 그 회사는 지원하지 않는 게 좋습니다.

그럼, 이제 하고 싶은 일을 찾지 못하는 마지막 원인을 이야기할까요? 정말로 하고 싶은 일이 없을 가능성입니다. 하고 싶은 일도, 흥미를 느낄 만한 사람이나 장소도 없고, 정말로 하고 싶은 일이 전혀 없는 패턴이지요. 하지만 걱정할 필요는 없습니다. 그렇다고 당신이 특별히 무기력한 건 아니니까요. 단순히 하고 싶은 일을 찾는다는 행위가 체질에 맞지 않는 것입니다. 이들에게 필요한 것은 이미 주변에 있습니다. 살아가는 동안 자연스럽게 주변의 일, 물건, 사람, 장소, 시간 등을 사랑할 수 있습니다. 아직 그걸 깨닫지 못한 것뿐입니다. 자신의 운명을 믿고, 눈앞에 놓인 일에 집중하면 됩니다. 이 타입인 사람이야말로 자리 잡은 곳에서 피어납니다. 계속 이어나가는 사이에 자기도 모르게 앞으로 나아가려고 노력하고 있는 자기 모습을 보게 되는 경우도 많지요.

다만, 때때로 멈춰 서서 신뢰할 수 있는 사람에게 자기 상황을 의논하는 것을 잊지 말아야 합니다. 맹목적으로 나아가고 있을 가능성도 있으니까요. 이 역시 중요한 일이니 절대로 잊지 마시기를 바랍니다.

변하고 싶다면 이 '두 가지'만 기억하세요

앞에서 행동이 달라지면 기분도 달라진다고 했지요. '마음은 있지만 어떻게 하면 좋을지 모르겠다' 혹은 '행동으로 옮기려고만 하면 꼭 주저하게 된다'라고 말하는 이에게 학생일 때나 사회인이 된 다음에나, 언제든 할 수 있는 두 가지 평범한 방법을 알려드리겠습니다.

첫 번째는 '질문하는 능력을 기른다', 또 한 가지는 '메모하는 방법을 바꾼다'입니다. 먼저 '질문하는 능력을 기른다'부터 설명하겠습니다. 착한 아이 증후군인 젊은 이에게 남들 앞에서 질문하는 행위는 추측건대 상당히 어려운 일이겠지요. 착한 아이 증후군이 아니어도 남들 앞에서 질문하는 일은 사람을 긴장하게 만듭니다. 큰 교실에서 수업하는데 질문하는 학생이 있다면, 그 학생은 지구 밖 생명체급 정신력의 소유자라고 생각합니다.

그렇기 때문에 질문 능력을 키울 가치가 있습니다. 질문이 작은 자신감으로 이어지고, 머지않아 다른 사람과의 차별화 요소가 되니까요. 내일부터는 꼭 질의응답 시간을 중요하게 생각하면서 집중력을 최대로 발휘했으면 좋겠습니다. 그렇다고 처음부터 무리하게 질문할 필요는 없습니다. 아마 당신은 교수님이나 사회자가 "질문 있나요?"라고 말하는 순간을 싫어하겠지요. 약간의 긴장감을 느끼게 되니까요. 긴장으로 몸의 크기가 3분의 2 정도로 쪼그라들지도 모릅니다. 절대 눈을 마주쳐서는 안 된다고 뇌가 신호를 보낼 겁니다.

그러면 어떻게 하면 좋을까요? 당신이라면 어떤 질문을 할지 생각해 보시기 바랍니다. 그 전 단계로 질문하는 사람에게 주목한다면 일단은 그걸로 됐습니다. 수업 중에 질문을 자주 하는 사람은 아마 정해져 있을 겁니다. 주위에서도 그 사람이 질문할 거라고 예상할 테고, 그 사람은 분명 본질을 파악한 질문을 하겠지요.

처음부터 그런 수준으로 질의응답 하는 건 무리일 겁니다. 여기서 주목했으면 하는 것은 그 사람의 첫 번째 질문입니다. 별로 깊이 생각하지 않고 강의나 회의에 참석한 당신 눈에는 왜 그런 질문이 나오는지 이상하게 보이겠지요. 어쩌면 '대단하네. 역시 자의식이 높은 사람은 달라' 하며 넘길지도 모릅니다.

하지만 질문이 떠오르는 것은 자의식의 높고 낮음과

상관이 없습니다. 가령 당신이 어두운 성격에 안정적인 걸 지향하고, 취미는 게임인 집돌이나 집순이라 할지라도 질문이 떠오른다는 점에서 자의식이 높은 사람들에게 뒤처질 이유는 없습니다.

질문은 자기 의견을 말하는 것과는 다릅니다. 질문은 단지 질문일 뿐이지요. "○○ 부분이 약간 어려웠는데, 조금만 더 설명해 주시겠어요?"라거나 "그건 ○○이라는 뜻으로 이해하면 될까요?"로도 충분합니다.

상대방이 대답하면 "감사합니다"라고 말하면 됩니다. 질문하는 타이밍은 교수님이나 사회자가 "또 없으신가요?"라고 말한 직후를 노리는 게 좋습니다. 즉, 누군가가 질문한 다음입니다. 그리고 질문한 뒤에 자신의 감정을 잘 들여다봤으면 좋겠습니다. 몹시 긴장되었다면 그만큼 마음이 성장했다는 증거입니다. 아무 느낌도 없었다면 당신은 질문에 소질이 있는 겁니다. 만약 아주 약간 참여한 기분이나 구성원이 된 느낌이 있었다면 다음번에도 반복해서 그 감정이 진짜인지 확인해 봅시다.

메모하는 방법을 바꾼다

이렇게 말해도 질문 능력을 기르지 못하는 사람을 위해 비장의 수법을 가르쳐드리겠습니다. 바로 메모하는 방법을 바꾸는 겁니다. 수업 시간이나 회의 시간 즉, 누군가의 이야기를 듣고 있을 때 당신은 메모하겠지요. 혹시 하지 않는 타입이라면 앞으로는 꼭 간단하게라도 메모하시기 바랍니다.

이미 메모하는 타입이라면 평소 자신이 어떤 메모를 하는지 떠올려보시기 바랍니다. 아마 '자료에는 쓰여있지 않고 구두로 설명한 정보'가 대부분이겠지요. 화자가 "보충하자면" 혹은 "자료에는 없습니다만"이라고 말하면 누구나 자연스럽게 그 뒤의 정보를 메모하게 되어있습니다. 우리는 어려서부터 그렇게 훈련해 왔으니까요.

물론 그래도 되지만, 거기에 더해서 자기 머릿속에 떠오른 것을 메모하는 것도 잊지 마시기를 바랍니다. 처음에는 자료의 궁금한 부분에 동그라미를 치고, 그 옆에 물음표를 해두는 것만으로도 충분합니다. 그러다가 '이건 무슨 뜻?', '구체적으로는?' 같은 간단한 말을 써놓습니다.

교과서나 프린트, 회의 자료가 의문문과 물음표로 가득할 무렵이면 자연스럽게 이야기를 들을 때 자기가 이해하고 납득할 수 있는지가 중요해질 겁니다. 동시에 질문하는 일이 놀라울 만큼 쉬워질 게 틀림없습니다. "질문 있습니까?"라는 말을 들었을 때는 이미 해야 할 질문을 메모해 놓은 뒤니까요.

화자의 말이 아니라 자기 머릿속에 스쳐 간 것을 메모하시기를 바랍니다. 매우 단순한 행동이지만 효과는 큽니다. 대학생 여러분은 꼭 수업 시간에 활용해 본 뒤에 취업 활동을 할 때 실천해 보셨으면 좋겠습니다. 아주 조금이라도 합격 확률이 올라갈 테니까요.

당신은 이미 성장해 있다

앞의 두 가지를 할 수 있게 되었다면 한 가지만 더 추가하겠습니다. 바로 '평소보다 조금 더 빨리 움직이기 시작하는 것'입니다. '사전에 계획한다'라고 말하면 조금 무거운 느낌이 들지만 제가 말하는 것은 '일단 착수한다'에 가깝습니다. 이 책을 읽는 많은 사람은 제출일이나 마감에 쫓긴 경험이 있을 겁니다. 그럴 때는 아무래도 '끝내는 것'에 집중하느라 적당히 넘어가게 되는 경향이 있지요. 그런 활동은 몇백 번 반복해도 자기 성장으로 이어지지 않습니다. 강해지지 못하지요.

평소보다 한발 빨리 움직이기 시작하면 결과적으로 냉정하게 자신을 들여다볼 시간이 생깁니다. 이렇게 꼭 진화한 자기 모습을 느껴봤으면 좋겠습니다. 이 책도 끝나가고 있습니다. 조금 부끄럽지만, 여기서 제가 좋아하는 에피소드를 하나 소개하겠습니다.

저는 산책을 좋아해서 어디든 걸어다닙니다. 그런데 어떤 날에는 '오늘은 왠지 엄청나게 지치는데?' 싶은 날이 있어요. 그때 뒤를 돌아보면 생각보다 훨씬 높은 곳까지 올라가 있어서 깜짝 놀랄 때가 있답니다.

이처럼 힘들다는 건 그만큼 높이 올라왔다는 뜻입니다. 마음도 마찬가지여서 힘들다는 건 그만큼 성장했다는 뜻이지요. 사람은 힘든 것이나 피로는 잘 느끼면서 성장은 잘 느끼지 못합니다. 젊을 때는 특히 더 그런 것

갈습니다.

성장을 적극적으로 느껴봅시다. 복근 운동을 하루에 10회씩만 해도 쉽게 복근이 생깁니다. 마음도 마찬가지지요. 뇌는 더 쉽게 단련할 수 있습니다. 꼭 성장을 의식적으로 느껴봤으면 좋겠습니다. 다른 사람과 비교하지 말고, 자기 자신과 비교하십시오. 그리고 성장을 즐기십시오. 젊을 때는 더 그래야 합니다. 젊을 때뿐만 아니라 평생 그래야 하지요.

옮긴이 김지윤

가톨릭대학교 철학과 및 일본어과 졸업. 세이신여자대학교에서 교환유학 후 와세다대학교 대학원 일본어교육학과에서 공부했다. 글밥아카데미를 수료하고 현재 바른번역 소속 번역가로 활동 중이다. 옮긴 책으로『죽은 철학자의 살아있는 인생수업』,『나는 괜찮은데 그들은 내가 아프다고 한다』,『나를 지키는 중입니다』,『민감한 나로 사는 법』,『물 흐르듯 대화하는 기술』 등이 있다.

기성세대를 불편하게 하는 요즘 것들의 새로운 질서

칭찬이 불편한 사람들

초판 1쇄 발행 2024년 10월 23일

지은이 가나마 다이스케 **옮긴이** 김지윤
펴낸이 김선준

편집이사 서선행
책임편집 유채원 **편집2팀** 배윤주 **디자인** 엄재선
마케팅팀 권두리, 이진규, 신동빈
홍보팀 조아란, 장태수, 이은정, 권희, 유준상, 박미정, 이건희, 박지훈
경영관리팀 송현주, 권송이, 정수연

펴낸곳 (주)콘텐츠그룹 포레스트 **출판등록** 2021년 4월 16일 제2021-000079호
주소 서울시 영등포구 여의대로 108 파크원타워1 28층
전화 02) 332-5855 **팩스** 070) 4170-4865
홈페이지 www.forestbooks.co.kr
종이 (주)월드페이퍼 **인쇄·제본** 한영문화사

ISBN 979-11-93506-86-8 (03300)